COLLECTION POÉSIE

MAX ELSKAMP

La Chanson de la rue Saint-Paul

Chansons d'Amures
Les Délectations moroses
Aegri Somnia

*Édition présentée
par Paul Gorceix*

GALLIMARD

*Ouvrage publié avec l'aide
du Ministère de la Culture de Belgique.*

© Éditions Gallimard, 1997.

À la mémoire d'André Fermigier.

PRÉFACE

Il ressemble à un sage chinois, mais plutôt à un Chinois devenu européen qu'à un Européen devenu chinois, car son âme, pour être aussi poétique, doit être raffinée par trois mille ans de politesse. Ainsi sa personne portait-elle le reflet de son âme. Les yeux, très légèrement bridés, un peu voilés, la chevelure blanche et rare, soigneusement peignée en arrière, le teint couleur de fumée, blanc jaunâtre, le dos un peu voûté, le corps un peu bedonnant. Les mains sont admirables. Nerveuses et minces, le bout de l'index, un peu plat, est jauni par le tabac... En somme, un être infiniment rare et précieux.

(Marie Gevers,
Souvenirs sur Max Elskamp, 1967[1].)

Marie Gevers a gardé ce souvenir du poète auquel elle rendit visite à Anvers à la fin de novembre 1916, dans son hôtel particulier, au 138 du boulevard Léopold, devenu avenue de Belgique. Max Elskamp était alors âgé de cinquante-quatre ans. La postérité a surtout retenu de lui, il

---

1. *Bulletin de l'Académie royale de langue et de littérature françaises.*

est vrai, l'image du reclus, vivant en marge de son siècle, collectionneur d'objets rares, gnomons, sextants, astrolabes, et d'estampes japonaises, lecteur des Évangiles et questionneur inquiet des doctrines ésotériques. Image doublée de celle de l'original, qui, coiffé de son éternel petit chapeau rond et vêtu de son macfarlane, hantait chaque jour les vieux quartiers du port.

Largement ignorée du public, l'œuvre poétique d'Elskamp n'a pas cessé pourtant d'être l'objet d'une sorte de culte, discret, réservé aux initiés — Gide, Carco, Eluard, Aragon, Alfred Jarry, Jean de Boschère, Norge, et quelques autres. Invité en avril 1962 par la revue Le Thyrse *à donner son témoignage sur Max Elskamp, Jean Cocteau mentionnait son influence peu soupçonnée sur la poésie moderne. « Il est de toute évidence, écrivait-il, que Guillaume Apollinaire, s'il doit aux* Serres chaudes *doit surtout à Max Elskamp », et il avouait « le souvenir d'un coup au cœur » que lui avait laissé « la découverte du poète anversois ». Alain Bosquet, pour sa part, dans une belle page intitulée « Elskamp, ballade à l'envers », n'hésite pas à voir en lui « le plus grand poète que la Belgique ait donné au monde ».*

Sans aucun doute, il s'agit d'une œuvre extraordinairement singulière. À première vue, elle paraît calquée sur l'étrange et fascinante personnalité de l'homme. Mais il ne faudrait pas s'y tromper! De même, celui qui ne verrait en Elskamp que le « naïf imagier » de la Flandre, passerait à côté de l'essentiel. Le rapport entre le poète de la rue Saint-Paul et la Ville, loin d'être de l'ordre de la mimésis, serait plutôt de nature alchimique. La chanson est née de la fusion de techniques d'écriture éminemment subtiles et de spéculations qu'on peut qualifier quasiment de mystiques. Cette attitude vaut d'ailleurs pour l'œuvre elskampienne tout entière. L'expérience de l'écriture n'y est jamais séparable d'une quête spi-

rituelle. La contemplation du monde sensible est toujours liée au moi qui se cherche, à la nostalgie d'absolu qu'Elskamp a poursuivi, sa vie durant, dans l'exil intérieur et le rêve.

Pour ce qui concerne sa biographie, mieux vaut peut-être laisser la parole au poète. En réponse au questionnaire qu'Adolphe Van Bever préparait avec Paul Léautaud pour la publication de Poètes d'aujourd'hui, *celui-ci rédigea ces quelques lignes :*

Né à Anvers de père flamand et de mère française le 5 mai 1862 (branche paternelle très probablement d'origine scandinave). Influence du milieu. La rue St-Paul (à Anvers) où je suis né, rue à Consulats, maritime, joignant l'Escaut. Notre maison se trouvait pour ainsi dire enclavée dans l'église St-Paul et mon enfance s'est passée sous les cloches, au milieu des corneilles et tout contre un horrifique calvaire en grès et cendrée, chef-d'œuvre d'un sacristain en délire, où l'on voyait, entre les barres de fer, Christ au tombeau et, dans de grandes et terribles flammes rouges brûler sans fin les âmes du Purgatoire. En août passaient chez nous les baleines, les géants des Ommegancks (cortèges) flamands ; et les hivers, si près du fleuve, les nuits d'hiver surtout étaient vraiment affreuses et trop emplies du bruit du vent, des glaces et de la marée. Chez mes grands-parents (côté paternel) régnait Marchandise : thé, sucre, poudre d'or, huile de palme, cafés et raisins de Corinthe que nous apportaient un brick appelé « L'Ortélius » et un trois-mâts carré baptisé « Le Louis[1] ». Je crois que ce que j'ai

---

1. L'Anversois Abraham Œrtel, dit Ortelius, fut géographe de Philippe II ; on le surnomma « le Ptolémée du XVIe siècle ». Quant à Louis, c'était le prénom du père de Max Elskamp.

fait, a été très influencé par ces choses, qui datent de ma petite enfance. Après, la vie m'a pris, plus neutre, me semble-t-il ; et à part la pratique des métiers et ce qui touche à l'âme traditionnelle du peuple, peu de choses ont réagi sur moi.

C'est à la fois beaucoup et peu, compte tenu du décalage entre l'événement biographique et l'écriture. À la suite de la plupart des familiers du poète — Van de Velde, Jean de Boschère, Albert Mockel —, il est possible de distinguer deux versants dans l'œuvre d'Elskamp, qui épouse au demeurant la courbe de son itinéraire intérieur. La première période, qu'on peut dater de 1892, l'année de Dominical, *et qui va jusqu'à* Enluminures *en 1898, avait été précédée de plus d'une décennie de fraternelle et fructueuse collaboration avec Henry Van de Velde, dont Elskamp avait fait la connaissance sur les bancs de l'Athénée d'Anvers. Amitié sans faille, qui se prolongea jusqu'à la mort du poète en 1931. Admirateur des images naïves du folklore flamand et des peintres, comme Henri de Braekeleer, Fernand Khnopff et Van Gogh, Elskamp avait réalisé, dès 1884, une série de six sonnets intitulée* L'Éventail Japonais, *sur fond d'estampes. L'initiative est marquante. L'écrivain illustrera bon nombre de ses recueils de bois, gravés par lui. Et comme l'a justement remarqué Christian Berg, l'idée de transformer le livre en un objet précieux fait d'Elskamp un vrai précurseur en matière d'esthétique du livre. À cette restriction près, c'est que la xylographie ne possédait à ses yeux qu'une simple valeur d'ornement et non d'« illustration » du texte. La mode était à « l'Art nouveau » très imprégné de japonisme.*

En 1886, Elskamp était un jeune poète dynamique. Engagé dans la lutte contre l'académisme, le secrétaire de

« L'Art indépendant » avait pris fait et cause pour les peintres d'avant-garde, les *« Vingtistes »*, comme James Ensor, Félicien Rops, Constantin Meunier, Fernand Khnopff et Odilon Redon. De 1887, date le début d'une crise morale profonde et durable, qui marquera le poète à vie. Embarqué sur un cargo de transport de minerai, Elskamp entreprend un voyage maritime qui le mène du Portugal aux Cyclades par les côtes du Maroc et de l'Algérie. Il dessine ce qu'il voit aux escales. À l'issue de ces années — de 1887 à 1892 — pendant lesquelles il se réfugie dans l'alcool, les drogues et les plaisirs charnels, la publication de* Dominical, *illustré par Henry Van de Velde et bien accueilli par les milieux symbolistes, ouvre une période de production très féconde. Scandée par la parution de trois recueils,* Salutations, dont d'Angéliques *(1893), tiré à 203 exemplaires, qui provoque des réactions très mitigées de la part de la critique parisienne ;* Six Chansons de pauvre homme pour célébrer la semaine de Flandre *(1895), orné de bois gravés par l'auteur, et* En symbole vers l'Apostolat *(1895). C'est de Paris que lui vient la consécration, lorsque le Mercure de France, qui avait publié Verhaeren et Maeterlinck, réunit en 1898 ses premières plaquettes en un volume, sous le titre* La Louange de la vie. *L'ouvrage, le premier accessible au grand public, scelle l'image du poète, chantre de la Flandre heureuse et dévote. La même année 1898 voit paraître* Enluminures, *également accompagné de gravures. Le recueil est salué par Mallarmé, dont Elskamp avait fait la connaissance en 1890. Celui-ci lui dit son admiration pour un art « illustrateur de visions et musicien à l'écho secret, cela si lointain et si exact... ».*

Le début de la seconde période de la carrière du poète — en fait, il s'agit de la dernière partie de sa vie active — peut être situé en 1921. Elle fait suite à un temps qu'Elskamp a désigné lui-même de « prostration, de silence et d'exil ». Effectivement, de 1898 à 1921, il s'était tu, pendant vingt-trois ans ! 1921 est l'année de la publication à Bruxelles du recueil Sous les tentes de l'exode — 275 exemplaires, ornés de bois originaux gravés par l'auteur. C'est le récit de l'exil vécu en Hollande, à Bergen-op-Zoom, où le poète partagea le sort de plus de cent vingt mille de ses compatriotes fuyant en octobre 1914 devant l'invasion allemande. Affaibli et démoralisé, il regagnera Anvers en 1916 grâce à l'intervention de Van de Velde auprès des autorités allemandes. Le biographique alimente d'un bout à l'autre le recueil, poignant, véritable chant des réfugiés. « C'est vous ici mes jours vécus / Pendant les mois de cette guerre », avec en toile de fond le « canon qu'on entend qui tonne / Là-bas chez nous ». Histoire revécue à travers le prisme du souvenir, mais qui garde sa cruelle actualité.

> Jours d'exil à profils fermés,
> Et, comme les peines subies,
> Qu'on croit après plutôt rêvés,
> Qu'ayant eu place dans la vie.
>
> Or ils furent, car les voici,
> Prenez-les comme je les donne,
> De haine et tout d'amour aussi,
> Suivant l'heure mauvaise ou bonne.

Quant à la matière de ces poèmes de L'Exode, *« C'est la misère qu'on a eue, / C'est la peine qu'on a portée », — ce sont les « Choses dont nous avons souffert », en ce « Pays de trafic et marchand » !*

Entre 1921 et 1924, les recueils parmi lesquels figurent

ceux qui sont présentés ici se suivent à une cadence accélérée. Aux Chansons désabusées *(1922) succèdent* Les Délectations moroses *(1923). Titres, l'un et l'autre, significatifs du découragement qui accable l'homme et le poète. On est loin du prétendu retour au bonheur simple, tel qu'il s'épanouit dans* La Louange de la vie*! Quant à* Chansons d'amures*, c'est le troisième volume de vers qui paraît dans cette année 1923.*

Enchâssé dans une période de profonde lassitude, La Chanson de la rue Saint-Paul, *son chef-d'œuvre, fait figure d'îlot du souvenir de l'enfance heureuse. Avec* Maya*, elle représente ce qui est considéré comme le point culminant de toute sa production. En tout cas, c'est l'emblème de la poésie elskampienne. Elle est publiée hors commerce en 1922, chez Buschmann à Anvers, là où le poète avait appris le métier de typographe. Pour ce qui concerne* Aegri Somnia*, « recueil considérable », dira Albert Mockel (paru en 1924 à 250 exemplaires), il clôt la production de celui qui passa les dernières années de sa vie en proie à la misère physique et morale, impotent, emmuré dans sa maison et dans un état avancé de confusion mentale. Sept autres plaquettes paraîtront à titre posthume; parmi elles* Les Fleurs vertes *et* Les Joies blondes *(1934).*

Il faut réserver une place à part à La Chanson de la rue Saint-Paul, *ce recueil simple et émouvant qui valut au poète l'étiquette redoutable de « chantre de la vie quotidienne ». Dans la production d'Elskamp, à juste titre, elle fait figure de médaillon. D'autres livres, il est vrai, disent la consanguinité qui unit le poète, la ville et le folklore: outre* Dominical, Six Chansons de pauvre homme pour célébrer la semaine de Flandre *(1895) et* Les Sept Notre-Dame des plus beaux métiers *(1923), publiés un an après la* Chanson. *Elskamp a confirmé l'importance qu'il accorde dans sa création à la réalité « objective ». « Le décor de la vie subjugue l'âme des poètes… aimante… elle subit l'objectivité qui l'environne, mais dans une si ineffable communion, qu'elle y puise, à même son émoi, la raison de son inspiration » (préface à Paul Neuhuys,* Loin du tumulte, *Anvers, 1919).*

Cela signifie à la fois reconnaître l'influence déterminante des données du sensible et l'ancrage de sa création poétique dans le monde qui l'entoure. Elskamp y reviendra sans cesse puiser comme à une source réservée. La Chanson de la rue Saint-Paul *est sortie de cette veine-là.*

Dans la Chanson, *au titre inspiré par le quartier populaire où il passa son enfance jusqu'à l'âge de huit ans, la relation entre les données biographiques et le poème se fait explicite : « C'est ta rue Saint-Paul / Celle où tu es né, / Un matin de Mai / … Et dont tu fus l'hôte / Pendant des années. » Le poétique se nourrit du rapport immédiat entre le sujet et son environnement : « Musiques ici / Faites de ta vie », revécu dans le souvenir : « À son aube luie / Lointaine aujourd'hui ». La* Rue Saint-Paul *serait-elle un recueil autobiographique, sur le mode de la chanson populaire ? À cette nuance près qu'elle devient un « objet étrange et cependant connu et attrayant », selon le processus de transposition, intériorisation du vécu, dont la poétique novalisienne, symboliste avant la lettre, avait fait la condition de l'œuvre d'art. Ainsi, la ville et la rue familière deviennent la métaphore obsédante par excellence, à travers laquelle le poète se dit, à laquelle il s'identifie. Anvers se transforme en véritable support du paysage mental d'Elskamp. « Je ne comprendrais pas* moi *sans la* ville *», avoue celui-ci à Van de Velde (avril 1890). La rue de l'enfance devient la cristallisation d'Anvers, transfigurée dans le rêve en une sorte* *de microcosme où s'entremêlent le pittoresque médiéval, le monde des artisans et la foi religieuse.* « Roses les Jésus, / Blanches les Maries, / Dans leurs niches nues / Ou de fleurs ornées… » *La rue se fait le miroir de tout un monde d'images. Le culte marial, symbole de la ville d'Anvers, y voisine avec les scènes de la vie quotidienne, qui, intériorisées avec le temps, acquièrent une part de magie et de légende. Les thèmes de la* Chanson *sont figuratifs. Leur réalisme est accentué par la simplicité, la netteté quasi xylographique du trait, par l'écriture très décantée depuis* Dominical, *qui se prête bien à la narration d'une histoire, celle de l'enfance. Elskamp puise à larges brassées son matériau dans la réalité de la rue et il accumule sans transition les images qui s'additionnent, se superposent et se succèdent à la vitesse étourdissante d'une ronde! Ainsi la maison contre l'église* « Toute proche là au calvaire / Où vos anges croisaient leurs ailes » ; *la rue où se mêlent* « Négoce et prières », *denrées coloniales et* « Blanches les Maries ». *Toile de fond sur laquelle se détachent les portraits dessinés avec ferveur dans* In memoriam, *celui du père Louis* — « Avec vos prénoms de navires » —, *celui de sa mère tôt disparue* — « Ô ma Mère qui m'étiez douce » — *et enfin de sa sœur Marie* : « Ma Sœur qui aviez trop rêvé / Aux grands ciels bleus du paradis ».

Si le poète anversois recourt, à l'évidence, aux formes et aux moyens d'expression de la chanson, c'est parce que la poésie populaire lui offrait un langage intuitif, prétendument primitif. La preuve, c'est que les procédés et les techniques de la chanson populaire sont utilisés ici de manière consciente, systématique même, au point qu'on a pu parler des « ficelles » *d'Elskamp. Parmi ces moyens, la répétition, très caractéristique. D'une strophe à l'autre, d'un vers à l'autre, images, motifs ou tournures reviennent et s'imposent à l'esprit par leur sonorité, au-delà du sens logique des mots. Ainsi, le vers «C'est ta rue Saint-Paul», repris quatre fois en début de strophe, deux fois suivi de la comparaison «Blanche comme un pôle», contribue à la manière d'un refrain à recréer l'atmosphère envoûtante du souvenir.*

À y regarder de plus près, ce kaléidoscope d'impressions et de sensations est régi par un rythme binaire, mû par une dualité foncière, autour de laquelle les images s'articulent : sensualité et religiosité, monde quotidien et exotisme, douceur de la vie simple et invitation au voyage, réalisme et fascination d'un espace surréel. Le «calvaire» est voisin avec les bouges du port. Depuis Verlaine, l'heure était à la simplicité et à la candeur de la foi! Les distiques du Calvaire, commémoration des pêcheurs et des Madeleines repenties, se rattachent au débordement d'effusions religieuses qui, entre 1880 et 1900, ont inspiré certains poèmes de Gustave Kahn, de Laurent Tailhade ou d'Adolphe Retté. «Tout cerveau bien conformé», a dit Baudelaire, «porte en lui deux infinis, le Ciel et l'Enfer.» Cette conscience du dualisme de la matière et de l'esprit, la notion du péché de chair, qu'Elskamp a gardée du catholicisme en héritage, constituent un thème répétitif de cette poésie, bien au-delà de La Chanson de la rue Saint-Paul. *«Rue qui fait le mal, /Rue qui fait le bien, / Et d'une âme égale / Comme les humains.» Dès lors, la proximité topographique des «... galetas, / Où vont les marins» avec les femmes qui «... se reposent / En long étendues» et de l'«Église qui prie / De Dominicains» prend une autre dimension, vue dans la perspective manichéenne d'Elskamp, qui fait se côtoyer la réalité et le rêve, la candeur et le vice, Dieu et Satan. Dans la clôture des «Maisons à rideaux / Baissés... » du port, les femmes rêvent devant des estampes*

*qui représentent «... le Vésuve / En feu qui se pâme » ou
« Le pont de Brooklyn » !*

Toute division est arbitraire. Dans le cas d'Elskamp, le risque de fausser les choses est accru, d'autant que le lecteur doit prendre conscience que l'œuvre est organiquement une. À qui en douterait, cette confidence le confirme : « Les pièces, si j'ose dire, de mes livres rentrent l'une dans l'autre, et perdent tout sens "intelligible" quand je les sépare les unes des autres, ou mieux du tout. » Pour Albert Mockel, en dépit des « défaillances » relevées notamment dans ses derniers recueils — répétitions, récurrence des mêmes images et des mêmes symboles —, il serait vain de chercher à caractériser isolément chacun de ces ouvrages, car « ils se partagent un même fonds aux récoltes diverses ». Elskamp est tout entier dans chacun de ses poèmes.

Si l'on tient compte de la mise en garde de l'auteur, séparer, pas plus que regrouper les poésies réunies dans ce volume, n'a de sens. La Chanson de la rue Saint-Paul *exceptée, les poèmes insérés dans les livres* Les Délectations moroses *et* Aegri Somnia, *publiés sur quelque deux années, mais qui sont en fait le fruit d'une lente maturation, déroulent et prolongent leurs arabesques, bien au-delà du titre du recueil qui les coiffe. Le titre est en effet littéralement débordé par un large mouvement rétrospectif, qui épouse les sinuosités de la mémoire. À preuve, le recueil des* Délectations moroses *englobe une section de huit petites pièces, pour laquelle Elskamp n'a pas cherché d'autre titre que celui d'*Aegri Somnia, *qu'il a également choisi pour son grand recueil de 1924 ! Christian Berg a tout lieu de rappeler que* Les Délectations moroses *font partie avec* Aegri Somnia *des recueils « concentriques », dans lesquels Elskamp se livre à une « tentative de revivre par la parole toutes les étapes de sa vie ».*

Il en va de même pour Chansons d'Amures. *Si le thème du recueil, paru à dix jours d'intervalle des* Délectations, *c'est la pêche, le départ du marin et de son navire vers le Nord « où le poisson mord » — Elskamp aimait à raconter qu'il était allé, matelot, à Drontheim —, « la course » de la « nef » à pleines voiles, les jours de peine et de liesse, les escales à Reykjavik (« Or femmes lors et qui sont là / En robes rouges, gorges ouvertes ») et enfin « la mort reine » du côté de Baffin, il ne fait guère de doute qu'il s'agit là encore de la lente ascension spirituelle d'Elskamp. Élévation racontée sous le couvert du symbole, qui figure le voyage maritime, souvenir de l'antique « navigatio vitae ». Les titres des poèmes intégrés dans les* Délectations — *comme* Anabase *ou* Damas — *confirment, s'il en était besoin, que le poème constitue le document figuratif, le dépôt du voyage initiatique de celui qui, par exemple dans* Damas, *aperçoit à l'aube, après un lent cheminement, la ville « ... sur des remparts dressée, / Blanche comme l'ivoire ou la neige tombée ». La nostalgie de blancheur, de pureté, le renoncement à la chair, empêchés par la vision « ... des femmes, cheveux dénoués / Allongées en leur grâce, dite de chair nue... » Elskamp use des symboles comme de masques. Il se dit, mais de manière détournée, indirecte. Les titres qu'il choisit le prouvent.* Chansons d'Amures *renvoient au langage maritime. « Bas-bord amure[1], en l'air qui arde », chante le poème* L'Aller *; mais, phonétiquement, ce terme technique n'est-il pas proche du mot « amours », à une lettre près, et n'évoque-t-il pas en fait d'autres « amours » très charnels ? Jeu de mots sans doute, mieux, recherche de l'ambiguïté. De même le titre* Aegri Somnia *qui signifie littéralement « songes malades » et qu'Elskamp doit à Verlaine — coïncidence,*

---

1. Locution signifiant : en recevant le vent par bâbord.

comme Robert Guiette l'avait rappelé, avec les derniers mots du « Prologue » de Jadis. *Cela posé, il est difficile de ne pas être frappé par l'homophonie de l'adjectif « aigri » et du titre choisi pour évoquer l'atmosphère du recueil. Là encore, la recherche de l'ambiguïté est évidente. Elle s'inscrit dans une réflexion très précise sur le langage. C'est tout un climat qui se cristallise dans l'adjectif « aigri », dont le pouvoir de suggestion est accru par le fait que le vocable évoque dans son usage courant l'altération, la décomposition et par extension la décadence. Les vers de la* Préface *éclairent l'analogie :*

> Ce sont des fruits mûris
> Aux rayons de la lune,
> Et dont la chair est brune
> Comme miel qui s'aigrit.

Le recueil elskampien est le résultat d'une organisation très savante. Un rapide regard sur Aegri Somnia *laisse apparaître que les cinq sections qui le composent sont insérées dans un cadre comme le serait une gravure. Le livre s'ouvre « ainsi qu'une maison de thé », « aux Chines fermées » de la vie du poète ; il se clôt sur une évocation pathétique de « la nuit », enveloppant une âme « qui ne sait plus ce qu'elle croit », et sent la mort entrer en elle. Dans* Les Délectations moroses, *aux promesses offertes par « le Kiosque des mille joies », succède le cheminement « vers des Damas ou des Thulés », d'où le voyageur « n'est plus jamais rentré ». La liesse de* Partance *aboutit dans les* Chansons d'Amures *à un funèbre* Ad Finem. *La structure de chaque recueil est élaborée de telle sorte qu'elle soit le rappel de ce qu'Elskamp a appelé « la synthèse de la vie ». Quant à la forme, elle se fait l'écho du fond, son « analogon ».*

Lorsqu'il préparait Salutations, dont d'Angéliques, *Elskamp avait avoué à son ami Van de Velde qu'une « peur le tenaillait », celle de « se répéter un peu trop ». « ... Ce sera cette fois encore des cloches, des bateaux, des heures, des impotents et la mer beaucoup », disait-il. Personne ne contestera que le poète a péché par absence de renouvellement, qu'il reprend, de plaquette en plaquette, les mêmes images, égrenées note à note, ressassées comme dans une litanie. Parmi ces images cependant, une mention particulière revient à celles qui évoquent le monde de l'Orient. Comme l'Islande, Baffin ou Reykjavik, Elskamp a « vu » la Chine, ne craignant pas d'ailleurs de faire cohabiter Khouan-Ynne avec Sahèle ou Salomé. En tout cas, l'imaginaire oriental qui circule de recueil à recueil, des* Chansons désabusées *aux* Heures jaunes, *alimente une bonne part des sections* Choses *et* Navigations *d'Aegri Somnia. Il irrigue le livre* Les Délections moroses, *qui renferme, comme dans un écrin, le petit chef-d'œuvre intitulé* Chez les marchands d'Asie.

Que l'intérêt d'Elskamp pour l'Extrême-Orient — Chine et Japon confondus — s'inscrive dans l'engouement manifesté à la fin du XIXe siècle pour la culture orientale ne fait guère de doute. Dans les essais d'Edmond de Goncourt sur les estampes d'Hokusai et d'Outamaro, on peut voir le document de cette mode. Peut-être n'est-il pas négligeable de savoir que le poète anversois possédait la fameuse série d'estampes d'Hokusai, Histoire de la décomposition d'un cadavre, *dont parle Goncourt! « Il est telles estampes d'Outamaro, de Koriousai et certaines planches de la "Mangwa" d'Hokusai où l'ont croit rêver », écrivait le xylographe averti à son confident Jean de Boschère*[1].

---

1. Lettre sans date, in : *Max Elskamp et Jean de Boschère. Correspondance*, Palais des Académies, Bruxelles, 1963, p. 25.

En fait, chez Elskamp, le goût pour l'art et la culture extrême-orientaux confine à la passion. Tous les domaines y sont englobés : la peinture, la gravure, la sculpture, la porcelaine aussi bien que cette forme brève de la poésie traditionnelle japonaise qu'est le haïkaï. Pour l'Anversois, le « japonisme » n'est pas une simple forme d'exotisme. Il s'agit d'une révélation pour un esprit en quête du mystère de l'univers. Le bouddhisme fut un moment capital dans le cheminement d'Elskamp vers la transcendance. Élévation spirituelle, où Bouddha cohabite avec le symbolisme liturgique des Évangiles !

À quel point l'ascension vers la Certitude fut laborieuse, une lettre à Charles Bernard, datée du 6 juin 1913, en témoigne : « J'ai touché depuis 6 mois le port : je suis arrivé ; c'est le bonheur relatif, certainement la Paix et surtout la Certitude... Je suis la Voie du milieu, à peu près selon Bouddha... » Il ajoute : « j'ai peiné comme un nègre ». Une chose est sûre : aux yeux d'Elskamp, aucune cloison ne sépare l'art, la méditation et la création poétique. La complicité entre le collectionneur, le penseur et le poète est totale. Dans ces conditions, on ne saurait être surpris que l'objet joue le rôle de tremplin pour le rêve et de symbole pour l'écriture. Les mots du collectionneur adressés aux frères de Boschère sont significatifs : « un objet qui "m'enrêve" dont je suis tout "enfiévré"... c'est du bonheur cristallisé... c'est du soleil latent pour moi, et aussi de la tangible éternité » (lettre du 23 novembre 1910).

Choses, *c'est le titre que porte une plaquette de poèmes dans* Aegri Somnia. *Ce titre rassemble des poèmes qui s'appellent* Vases, Bouddha, Soieries, Delft bleu. *D'autres objets orientaux fournissent la matière aux poèmes regroupés par exemple dans la plaquette* Chez les marchands d'Asie *; tels* Tapis, Fou-Khien, Hotéi, Le Coffret, Gotama, *pour ne citer que quelques titres, tirés des recueils publiés dans ce volume. La fréquence de cette thématique ne manque pas d'être frappante, encore qu'elle s'inscrive dans le goût littéraire de l'époque. Un Francis Jammes ne s'inspire-t-il pas du mystère des objets familiers? Ici, la relation entre le poète et les choses est à la fois riche, profonde et complexe. Elskamp puise dans l'objet une leçon qui confine à une esthétique mystique, dans la mesure où l'artisan, à ses yeux, est celui qui capte de l'invisible dans la matière. C'est dans ce contexte qu'il faut replacer « l'amour profond » éprouvé « pour ce peuple chinois qui rêve depuis des millénaires, vit et meurt pour cette seule chose, le culte de la forme… » (carte sans date à Jean de Boschère).*

Le poète-collectionneur découvre dans les objets d'Orient un savoir-faire, une technique doublée d'une philosophie. L'objet se mue en symbole. Significatif à cet égard, Fou-Khien, poème composé à partir de la contemplation d'une porcelaine, qui n'est pas sans rappeler le haïkaï. En voici le début :

> Fou-Khien blanc, virginité,
> De l'une et parfaite harmonie,
>
> Du néant dans l'éternité
> De Dieu même qui se délie,
>
> Et se mirant dans la clarté
> De l'émail de ses blancheurs luies,
>
> Pour n'affirmer que dans le vrai
> Ce qu'il sait du monde et de la vie.

Jeu de chaînes de rimes déterminées par la première rime (ici, certes deux vers au lieu de trois), forme brève quasi transparente, dépouillée de tout surplus descriptif, uniquement au service de l'impression fugitive qui irradie de l'objet. Ici comme pour de nombreux poèmes inspirés par quelque statuette du Çakya-Mouny en bois doré que possédait le collectionneur, un vase de porcelaine de Fou-Khien blanc, célèbre par la pureté de sa pâte, déclenche le processus créateur, «Fou-Khien blanc, virginité, / Des porcelaines de la Chine». Au fil du poème, le vase «De l'émail de ses blancheurs luies» devient le prétexte d'une double association symbolique: celle de la pureté («Fou-Khien blanc, immaculé, / Et candide...») et d'une sorte de sérénité suprême, proche du nirvana, «Du néant dans l'éternité». Deux attributs, incarnés respectivement par Khouan-Ynne, la vierge miséricordieuse de la religion bouddhiste et par Bouddha: «Et muet, tacite et silent, / Bouddha dans l'extase divine». En complétant le poème par la lecture de cet autre intitulé Le Vase (Remembrances), *on constate que la tendre admiration pour la vierge chinoise se confond avec la fascination poétique et mystique que la Vierge Marie n'a cessé d'exercer sur lui: «Gloire à la Khouan-Ynne / Dans le blanc qui la hante, / Qui ainsi que Marie / Porte enfant en ses bras.» L'élan vers Marie, incarnation de la pureté et de la candeur chantées par Verlaine, transite par Khouan-Ynne, la vierge chinoise. Elskamp n'est pas avare de cette sorte d'amalgame!*

On remarquera que, dans Vases (Aegri Somnia), *le poète a recours aux images familières, plus traditionnelles chez les symbolistes (on pense notamment à Georges Rodenbach), celles de la neige et du lait, qui se prêtaient à la symbolisation, pour évoquer la blancheur de la porcelaine associée à la virginité. «Ce sont des vases blancs,... / C'est leur chair et d'émail / Et blanche comme lait.» Mais Elskamp sait aussi user du terme plus rare «épeautre» (qui désigne du blé dur) afin de suggérer un climat de pureté très précieuse : «Les uns (il s'agit des vases), blancs comme épeautre. / Dits de virginité.» Il n'est pas exclu de penser qu'Elskamp ait retrouvé dans le vase de Chine le symbolisme ancestral attaché à cette pièce qui possédait les qualités pour figurer le sein maternel, la matrice, source de vie. Et pourtant on ne peut pas ne pas remarquer que le même poème, dont la pureté est l'objet, s'achève sur une note très sensuelle :*

> Or amours lors des choses
> Vraies plus qu'amours humaines,
> C'est la Clarté sereine
> Montée dans l'heure rose,
>
> Qui vient et va vers eux,
> Ainsi que fait la femme,
> Dans l'émoi qui la pâme
> Quand elle aime le mieux...
> (*Vases*)

La superposition, voire le télescopage de ces images de pureté et de sensualité ne sont-ils pas le décalque de la dualité foncière qui alimente l'écriture ? Ce qui est remarquable, c'est que le vase de Fou-Khien ait servi de support à la figuration, très pudique, de ce thème.

Nombreux sont les poèmes suggérés par les objets de la vie quotidienne en Orient. Nous l'avons déjà constaté. Tapis, Soies, Soieries, L'Écran, ces choses ont un commun dénominateur. Elskamp les utilise à la fois comme motif et comme forme. Ces espaces vides, il les remplit d'images. De la même manière que les artistes à l'époque, tels Whistler, Monet ou Klimt, se servaient de la soie, du kimono ou du paravent, comme de surfaces vides qu'ils peuplaient de motifs, peints selon leur imaginaire. Mais au-delà de leur aspect décoratif, les images remplissent la fonction de « signes ». Symboles, ils renvoient à la mythologie chinoise. Le Tapis *des* Délectations moroses *exploite le symbolisme lié au jardin, traditionnellement associé, en Orient comme en Occident, à l'idée de Paradis.*

> C'est un tapis persan
> Et qui dit des fleurs mauves,
> Dans des entrelacs blancs
> En serpents qui se lovent,
>
> Dans un jardin vert, où
> Au milieu des faisans,
> Sur les bords d'un torrent
> Un paon tout doré roue.

Lorsqu'on sait que le faisan, dans la mythologie orientale, figure par son chant l'harmonie cosmique, que le paon est signe de paix et de prospérité, que le serpent est l'avatar du faisan au rythme des saisons, le poème se lit comme l'allégorie de la béatitude!

On est en droit de penser qu'une des raisons pour lesquelles Elskamp fut fasciné par le bouddhisme, ce fut sa capacité de styliser les motifs de la réalité, jusqu'à la symbolisation. On pense ici à Roland Barthes, qui avouait : « Le Japon… est pour moi… une sorte de bonheur des signes. » Chez le poète anversois, l'expérience de l'Extrême-Orient a été décisive, à ce qu'il semble, pour la vision du monde et pour l'écriture. Celui-ci y a trouvé la confirmation que la pensée intime, les secrets du moi pouvaient se dire par analogie, au moyen de la juxtaposition d'images, dans la plus grande nudité, et, quasiment, sur un ton de badinage, comme dans le haïkaï. La démarche poétique analogique, que la mystique flamande avait révélée au symboliste Maurice Maeterlinck, par l'intermédiaire de Ruysbroeck l'Admirable, l'Extrême-Orient ne l'aurait-il pas apprise à Max Elskamp ?

À en croire la virulence de la polémique déclenchée dès 1892 par la publication de Dominical, *et, l'année suivante, à propos des* Salutations, *dont d'Angéliques, la poésie d'Elskamp est jugée dans les milieux conservateurs de la* Jeune Belgique *comme une entreprise de subversion. « Il s'est fait petit enfant. Il a rajeuni le gâtisme », lance Valère Gille. Pour Victor Kinon, Elskamp « baragouine à la façon des gens du terroir ». On va jusqu'à accoler à ses chansons l'étiquette de « néo-nègres ».*

En vérité, l'esthétique singulièrement audacieuse mise en œuvre par l'Anversois ne peut guère être comprise en dehors de son contexte culturel et moral, voire politique. Parvenir à une identité littéraire, c'est l'objectif qu'Elskamp partage avec Albert Mockel, Émile Verhaeren, Maurice Maeterlinck et Charles Van Lerberghe. Compte tenu de la situation particulière de ces Flamands (sauf Albert Mockel, qui est wallon) d'éducation et de langue françaises, qui écrivent en français au milieu d'une culture flamande, dont ils sont naturellement proches par la sensibilité, mais dont ils ne connaissent pas la langue. La confidence faite à Van de Velde en 1893 par Elskamp, blessé par l'incompréhension du public français qui a mal accueilli ses Salutations, *montre bien, au-delà de son propre désarroi, les blocages, l'ambiguïté et la précarité de cette situation : « Il faut croire que j'écris trop au Nord pour là-bas… je doute horriblement de ma forme… car je ne suis plus sûr de savoir une langue ! »*

Et il fait ce cruel constat, prémonitoire : « Quelle bonne chose ce serait d'être d'un pays à soi, fût-ce la Belgique si ça existait ! Je te fais part de ceci, car je nage en eau noire ! »

En fait, dans les milieux de ceux qu'on a appelés « les symbolistes de Belgique », on se sent très peu parisien. « Que les écrivains français après plusieurs décennies... ne marquent plus le pas... mais qu'ils restent nos amis », réclame en 1905 Verhaeren au nom des poètes belges, « dont quelques-uns ne doivent rien aux Français, si ce n'est la langue » (Art Moderne, 1891). Maeterlinck, quant à lui, se dit « l'héritier » du mystique flamand Ruysbroeck, chez lequel il a découvert ce qu'était le vrai symbolisme ; « depuis que je l'ai vu, notre art ne me semble plus suspendu dans le vide » (Ruysbroeck l'Admirable, 1889). Van Lerberghe, l'auteur de La Chanson d'Ève, *avoue que « l'idéal » qu'il cherche à exprimer « est au Nord, anglais ou presque scandinave », tandis qu'Albert Mockel préconise de « s'unir de nouveau avec l'âme populaire » pour lutter contre le culte de l'artifice. En même temps que l'on découvre le folklore et la chanson, on est très proche de la peinture des primitifs flamands, les Memling, Van Eyck et Brueghel. En dépit des liens qui les rattachent à la France, ces « fils de Baudelaire », qui admirent Verlaine, qui écoutent avec attention les leçons du maître Mallarmé et de Villiers de l'Isle-Adam et que Rimbaud fascine, veulent être eux-mêmes !*

Qu'est-ce que cela signifie ? Pour Elskamp, cela se traduit par la volonté à tout prix de marquer sa différence, à l'intérieur de l'espace littéraire français, de se créer, à défaut d'une langue propre, une manière, un style à soi. Tout naturellement, le labeur de l'artisan-poète Elskamp a porté sur le matériau à sa disposition, la langue. Cette langue française, à défaut de « trouver une langue nouvelle », il s'agit pour lui de la « rendre adéquate à la pensée » (lettre à

Van de Velde, 1890-1891) et, pour cela, comme l'a dit Verhaeren, il faut « la faire souffrir ». On a toute raison de voir une explication de l'étrangeté, propre à la poésie d'Elskamp, dans l'effort accompli pour réduire l'écart entre sa sensibilité d'homme du Nord et les structures codifiées de la langue française. Alors, le poète a fait flèche de tout bois ; folklore, chansons populaires flamandes et françaises, litanies médiévales, « ariettes » de Verlaine, surates et haïkaï japonais, etc. Que l'agencement de la phrase, la syntaxe, soient le matériau sur lequel s'est porté le plus gros de son effort, cette invocation à Marie dans le poème Étoile de la mer *nous le confirme :*

> Et, Marie, soyez bénévole
> Avec ces syntaxes mal au clair,
> Où Vous sauront mes gens de mer
> Expertes aux simples paroles.
>
> (*Salutations, dont d'Angéliques*)

Le phrasé caractéristique du poème elskampien relève pour une très large part du bouleversement syntaxique recherché. Ellipses, syncopes, inversions, rejets, déboîtements de la phrase, répétitions renvoient aux gaucheries de la chanson. Il en va de même des enchaînements malhabiles avec les particules d'attaque répétitives — Or, Puis, Alors, Mais — et les combinaisons — Mais alors, Mais lors, Et maintenant, en début de vers. Briser la rigidité de l'ordonnance grammaticale, renverser la communication conventionnelle en introduisant dissonances, barbarismes et idiotismes, c'est le moyen de recréer le climat naïf et de restaurer la ferveur candide de la chanson. C'est du même coup réduire la signification intellectuelle du poème au profit de l'expression sonore et de l'émotion.

La recherche de la « simplicité absolue » le conduit à une véritable ascèse : « J'en suis arrivé », confie-t-il à son ami Van de Velde, « à ne plus employer que les auxiliaires : être et avoir. » Robert Guiette a très finement relevé « le tour synthétique » du poème elskampien. Et pourtant paradoxalement le choix de la concision en faveur de la simplicité va de pair avec une certaine obscurité sémantique, cultivée. Des poètes aussi dissemblables que Verlaine et Mallarmé, Elskamp a appris que le pouvoir poétique de la simplicité pouvait être associé à l'hermétisme. Venant d'achever ses Salutations, *ne déclare-t-il pas qu'il lui reste à « byzantiniser tout cela » (1892) ? Cela signifie aussi que la forme concise, dense et naïve, est là pour accentuer l'équivoque, mais en même temps qu'elle joue en quelque sorte pour le poète le rôle d'écran, derrière lequel se dissimule la confidence.*

Qui nierait la nature symboliste de la démarche d'Elskamp, pour qui le pouvoir de suggestion du texte dépend de la part d'indéterminé et d'incertain qui est en lui ? Encore que le poète ait avoué ne jamais avoir compris ce qu'on entend par « écoles » en matière d'art ! « Romantisme, Parnasse, Symbolisme, ne sont que des classifications faites par les rhéteurs[1] *! »*

Une chose est sûre. Au cours de l'opération de transposition de la réalité au rêve, du rêve à l'écriture, qui rappelle sous bien des aspects l'aventure d'une initiation, c'est la quintessence de la vision, intériorisée à l'extrême, qui ressort du poème elskampien. « La Belgique chinoise », cette image, baroque seulement pour le non initié, que Jean Cassou a employée en évoquant Jean de Boschère, convient admira-

---

1. Lettre à Noël Ruet, 17 juillet 1920. Bibliothèque Royale, Musée de la Littérature, 4132/10.

blement aux rêveries de Max Elskamp. Pour celui-ci, au creuset de l'écriture, les extrêmes de l'imaginaire géographique se rejoignent. Cependant au cours de la ronde envoûtante qui mène de l'Asie à Reykjavik, la Flandre apparaît comme le point fixe, elle est le pôle de l'art. Combien cette Flandre-là a nourri l'imaginaire littéraire d'une génération, ce vers tiré de Six Chansons *de pauvre homme pour célébrer la semaine de Flandre, que Mac Orlan a, certes en l'écorchant, glissé dans son roman* La Nuit de Zeebrugge, *le dit bien : « Flandre et la mer entre les arbres*[1]. » *Et d'ajouter : « les vers de M. Elskamp s'associaient à la rude chanson des pêcheurs. » Mac Orlan n'a-t-il pas écrit au début de son livre : « Bruges est une ville ingénue et sensuelle. À ce titre, tout au moins pour moi, elle représente la Flandre, de la même manière que Max Elskamp » ?*

Effectivement, la révélation très singulière qu'apporte cette poésie, c'est d'avoir incarné, sous les espèces de la réalité temporelle, la nostalgie d'une autre réalité, à proprement parler ontologique, celle du rêve et de l'absolu.

Paul Gorceix

---

1. Le texte de la chanson, *Celle du Dimanche*, est en fait :

> Et, sous les arbres des chemins,
> Flandre et la mer entre les branches.

*La Chanson
de la rue Saint-Paul*

PRÉFACE

Musiques ici
Faites de ta vie,
À son aube luie
Lointaine aujourd'hui,

Ce sont jours allés,
De soleil ou pluie,
Au cours des années,
Désormais pâlis.

Or en l'ombre en eux
Ici qui prend place,
Ainsi que le veut
Temps qui tout efface,

Mais en toi restée
Leur clarté si blanche,
Qu'il t'en est dimanche
Rien que d'y penser,

C'est de candeur pure,
Sous des soleils luis,
Jours et qui te furent
Jadis, que voici.

LA CHANSON
DE LA RUE SAINT-PAUL

I

C'est ta rue Saint-Paul
Celle où tu es né,
Un matin de Mai
À la marée haute,

C'est ta rue Saint-Paul,
Blanche comme un pôle,
Dont le vent est l'hôte
Au long de l'année.

Maritime et tienne
De tout un passé,
Chrétienne et païenne
D'hiver et d'été,

Le fleuve est au bout
Du ciel qu'on y voit,
Faire sur les toits
Noires ses fumées,

De grands vaisseaux roux
De rouille et d'empois,

Y tendent leurs bras
De vergues croisées,

Maritime en tout
L'air que l'on y boit,
Sent avec la mer
Le poisson sauré,

C'est ta rue Saint-Paul
Ta rue bien aimée,
Où le fleuve amer
Monte ses eaux hautes,

C'est ta rue Saint-Paul
Blanche comme un pôle,
Et dont tu fus l'hôte
Pendant des années.

II

Paroisse du vent
Et rue de la mer,
Dans le matin clair
D'embruns délavée,

Dévote, marchande,
Trafiquante et gaie
Blanche de servantes
Dès le jour monté,

On y vend l'anchois,
La sole et la raie,
Et la plie au choix
Ou vive, ou fumée ;

Puis cloches sonnant
Les messes premières,
À rires dans l'air
Ainsi qu'envolés,

Roses les Jésus,
Blanches les Maries,

Dans leur niches nues
Ou de fleurs ornées,

C'est vie prenant cours,
Négoce et prières,
Et dit tout d'amour
Le jour commencé.

III

Mais musique alors
De mots qui s'avère,
Parlers étrangers
Du sud et du nord,

Offices, bureaux
Et comptoirs ouverts
Où s'en vont pressés
Commis et clercs d'eau,

Rue qui dit sa vie
Toute de gens pleine,
Dans le vent qui rit,
Qui le suit son lot,

Musiques dans l'air
Des heures qui viennent,
Dites à voix pleine
Par des cloches claires,

C'est au long des mois,
Dans l'an qui s'enchaîne,

À chacun sa joie,
À chacun sa peine,

Et saison qui vient
Dans le temps qui va,
Rue fêtant le Saint
Ou le jour qu'elle a.

IV

Le consul anglais
Y met son drapeau,
Le consul anglais
Le jour de la Reine,

De gais matelots
Leur couteau au dos,
Y passent farauds
Toute la semaine,

Jean le Hollandais
Quand c'est mai y vient,
Ses paniers aux mains,
La vendre la fraise,

Jean le Hollandais
Parti de Breda
Avec à ses pieds,
Les sabots qu'il a ;

Puis tout soleil, Août,
Dans le ciel qui pèse,

Odorant la graisse,
La bière et le moût,

Sortis les Géants,
Gens bus et kermesse,
Sur leurs chars roulant
Les dieux qui se dressent :

On voit Antigon,
On voit la Baleine
Et nu Cupidon
Sur son dos assis,

Et gais les Dauphins,
Et la Nave pleine,
De joyeux marins
Qui poussent des cris ;

Puis soir advenu
Violons éteints,
Accordéons tus,
Tout sentant le vin,

Lors voix haut montées
Dans la nuit qui pâme,
Musiques allées
Et dehors les femmes,

Sortis les couteaux
Qu'appelle la chair,
C'est de face ou dos
À la mort qui vient,

Amour matelot,
Amour de marins,
Même en le sang clair
Qui trouve son bien,

Et dans la nuit chaude
Lune qui s'incarne,
Mort ou vie qui rôde
Sans cris et sans larmes.

V

Or qu'il soit de vivre
Comme il plaît à Dieu,
Mais toi qui te livres
Au tabac et veux

Fumer Saint-Omer
Ou Porto-Rico,
Va chez Dame Claire
Qui en a pleins pots.

Puis Roisin aussi
Et mis en paniers
Tabac de Paris
Qu'on fume aux Gambiers,

Et Saint-Vincent noir
Qui gratte au gosier,
Cher aux mariniers
Parce qu'il fait boire ;

Mais toi qui préfères
Rouler le papier,

Pour ton Maryland
Va chez Dame Claire,

Et choisis le clair,
Et prends le bon temps,
À l'élire blond
Et coupé en long.

VI

Mais lors dans le vent
Rue qui fait commerce,
Tonneaux mis en perce,
Et coffres s'ouvrant,

Laines d'Astrakan
Ou tapis de Perse,
Choses que l'on vend
C'est le cuir qu'il sent.

Or fûts de Bordeaux,
Aimes de Coblence,
Corne sèche et peaux
Crues de La Plata,

Qu'on place aux plateaux
Chaînés des balances
De face ou de dos,
En vrac et en tas,

Monsieur Picalon
Lui dans sa boutique,

Monsieur Picalon
Lui qui vend des clous,

Des scies, des rabots,
La sert sa pratique,
De gais matelots
Qui veulent de tout.

VII

Puis rue qui s'en va
Chercher les bassins,
Bouges, galetas,
Où vont les marins,

Maisons à rideaux
Baissés mais qui bougent,
Filtrant un jour clos
De lumière rouge,

C'est filles anglaises
Occupées à boire,
Vêtant pour aimer
Des maillots de moire,

Dans le jour qui pèse
Dehors et si lourd,
Dans le soir d'été
Qui vendent l'amour.

Mais liqueurs au choix
Lors comme la chair,

Aquavit danois,
Anis grec amer,

Whiskey irlandais,
Rhum américain,
Saké japonais,
Opium indien,

Et glaces mirant
En jaune et en noir
Les cuivres luisants
Au dos du comptoir,

Femmes et qui causent
Les épaules nues,
Ou bien se reposent
En long étendues,

Bagues à leurs mains,
Rêvant mal ou pire,
Ou trouvant leur bien
Enfin à dormir.

Lors temps qui s'espace
Dit en heures lentes,
Et jour qui se passe
Ici dans l'attente,

Yeux comme une rampe
Les suivant les murs,
Et sur des estampes
Qui s'arrêtent durs :

On voit le Vésuve
En feu qui se pâme,
Ainsi qu'une cuve
D'enfer et de flammes,

Et rouge et carmin
Plus loin appendu,
Le pont de Brooklyn
Dans l'air suspendu.

VIII

Or Août qui apporte
Ici l'étranger,
Orgueil qui fait portes
Blanches, murs chaulés,

Orangers qu'on sort
Verts, sur les terrasses,
Pavillons dehors
De toutes les races,

Gens lors qui s'en vont
Anneaux aux chevilles,
Venus de Luçon
De l'Inde et des îles,

C'est choses qu'on vend,
Indous plumes teintes,
Et soieries éteintes
Juifs et d'Orient.

Mais matelots gais,
En chantant qui passent,

Sur leur main posé
Un perroquet blanc,

Ou bien dans leurs bras
Une guenon lasse,
Et désabusée
Qui grince des dents,

Puis Singhalais noirs
Offrant des cauris,
Enfilées, des fruits,
Et des dents d'ivoire,

Rue alors dans l'air
Qui sent les tropiques,
Et gens qui trafiquent
Sous le soleil clair,

C'est le ciel plus loin
Là-bas qui se mire,
Dans l'eau des bassins
Où sont les navires.

IX

Mais lors en son temps
Brise qui se lève,
Dès le matin blanc
Dans le ciel monté,

Puis dans l'air qui bouge
Sa voix qui s'élève
Quand vient le soir rouge
Où le jour se tait,

Ici sur les toits
C'est le vent qui règne,
Comme sang qui baigne
Cœur où la vie bat.

Mais lors au clocher
Où temps ne fait grève,
Heures sonnant brèves
Ainsi qu'envolées,

Instant du départ
De nuit advenu

Et vin sur le tard
Alors qu'on a bu,

C'est marins, allés,
Un peu qui chavirent,
Là-bas sur les quais
Chercher leurs navires,

Et dans le silence
Rue alors entrée,
Et pour leur partance
Toute pavoisée.

X

Mais odeur ici
D'encens qui revient,
Église qui prie
De Dominicains,

Et comme un enfant
Dont les yeux se mouillent,
Le cœur repentant
Et qui s'agenouille,

Rue qui fait le mal,
Rue qui fait le bien,
Et d'une âme égale
Comme les humains,

Puis soudain confuse,
Choses accomplies,
Après s'en excuse
Douce et repentie,

Rue qui se reprend
Blanche comme un lait,

Lavée dans le vent
De tous ses péchés,

Et comme un enfant
Encor qui soupire,
Tantôt repentant,
Qui se met à rire.

Clartés des midis
Alors et qui viennent
Soleil resplendi,
Rue italienne,

À cloches dans l'air
Qui parlent sans fin,
Si net et si clair
Qu'on dirait latin,

Rue qui dit l'été
Et la canicule,
Si chaud le pavé
Qu'on dirait qu'il brûle,

Lors parfum ici
D'encens qui revient,
Église qui prie,
De Dominicains,

C'est le porche ouvert
Sur le prieuré,
Dans les lierres verts
Qui dit sa fraîcheur,

Silence, clarté,
Paix douce à la chair,
Été qui se tait
Comme allé ailleurs.

XI

Or bleu disant l'août
Au commun des jours,
Corneilles qui rouent
En haut sur la tour,

Puis l'heure sonnant
Partent sur leurs ailes,
Quittant les auvents
Crier dans le ciel,

Comme de gros mots
Plus aigres qu'airelles
Dits tout en voyelles
Suivant leur argot,

Corneilles peu sages,
Et même un peu folles,
Vivant en veuvage
Et qui s'en consolent,

Dans le ciel en blond
Sur le prieuré,

À tourner en rond
Autour du clocher,

C'est de choses vues
De les raconter,
Dans le soir venu
Leur rancune allée.

Mais nuit qui se fait
Sur le monde rouge,
Où plus rien ne bouge
Dans le jour allé,

Qu'or dans le ciel nu
En l'air qui voyage,
Lors de commérages
Mégères repues,

C'est corneilles tues,
Au clocher rentrées,
Que le hibou hue
Dans l'ombre montée.

XII

Et maintenant nuit
Qui vient étoilée,
Et lune qui luit
Dans le ciel montée,

C'est dans le sommeil
La vie qui se tait,
Lumières qui veillent
Aux maisons fermées,

Rideaux descendus
Et volets baissés,
Et pavés à nu
Lors tus et muets.

Or silence en l'ombre,
Finie la journée,
C'est le jour allé
Comme nef qui sombre,

Et le fleuve au loin
Là-bas et qui chante

En les heures lentes,
Puis dans l'air marin

Le vent lors aussi
Suivant sa coutume,
Sur les toits qui fument
Qui passe transi.

Or comme il en est
Lors des choses dites,
En l'oubli qui naît
Des heures allées,

Dans le temps donné
Que la vie nous quitte,
En la rue tacite,
C'est la nuit qui paît,

Dans ta rue Saint-Paul,
Celle où tu es né,
Un matin de Mai
À la marée haute,

Dans la rue Saint-Paul,
Blanche comme un pôle,
Et dont tu fus l'hôte,
Pendant des années.

LE CALVAIRE

Mon Dieu qui mourez à Saint-Paul,
Un peu autrement que les autres,

Dans ma rue froide comme un pôle
Entouré d'anges et d'apôtres ;

Mon Dieu qui mourez à Saint-Paul,
Tout blanc des pieds, tout blanc des mains,

Pour ceux du quai, pour ceux du môle,
Sous des bougies dans un jardin,

Mon Dieu des pêcheurs, des marins,
Et mien jadis en mes croyances,

C'est vous là-bas dans les lointains
Des matins bleus de mon enfance

Mon Dieu qui les avez connus
Tous ceux d'ici qui ont passé

Dans ma rue et nus ou vêtus
Et puis plus loin s'en sont allés.

*

Mon Dieu ici dans les rochers
Qui savez le vent et la pluie,

De tous les cieux las de la vie
Comme ceux qui ont navigué ;

Et qu'on vient voir, et que l'on prie
À deux genoux, le front baissé,

Mon Dieu doux à ceux des navires,
Qui ont subi, qui ont peiné,

Dans le bien, le mal ou le pire,
Depuis le jour où ils sont nés,

Mon Dieu qui savez les étoiles
Qui fixent à chacun son lot,

Mon Dieu qui savez où les voiles
Conduisent ceux qui vont sur l'eau,

Et qui leur avez pardonné
Les ports mauvais qu'ils ont touchés,

Mon Dieu, ici des matelots,
C'est eux lors qui vous ont aimé.

*

Mon Dieu des nuits et des matins,
Ici dans le temps comme il vient,

Et que l'on voit d'hiver, d'été,
Blanc et dans l'ombre en long couché,

Derrière une grille dressée,
Les yeux fermés, au flanc la plaie,

Avec des anges à vos pieds
Leurs ailes sur le dos croisées,

Et que les femmes de marins
Implorent pour ceux dont la vie

Est d'aller sur la mer au loin
Voiles tendues, aux pêcheries

Et dans la pluie et dans le vent,
Chercher le pain cher qu'on leur vend ;

Puis Madeleines repenties
Et le jour du vendredi-saint

Qui viennent toucher de leur sein
La grille chargée de bougies,

Devant laquelle vous dormez
Saignant du front, des mains, des pieds,

Pour trouver pardon de leur vie,
Dans le remords qui les étreint ;

Mon Dieu des soirs et des matins
Ici dans le temps comme il vient,

C'est femmes en peine et qui prient
Sombrées comme nefs corps et biens.

*

Mon Dieu au monde qui dit vie,
Port là-bas, et lors étrangers,

Anglais en leur orgueil dressés
Américains de frais rasés,

Indous marchands de plumes teintes
Malais qui sourient les dents noires,

Chinois avec leur lèvres peintes
Et jaunes ainsi que l'ivoire,

C'est eux, alors qu'août dit l'été,
Et qui viennent vous visiter

Et pour s'attarder jusqu'au soir
Et les garder en leur mémoire,

Longin qu'on voit avec sa lance,
Dit en blanc en pierre sculptée,

Michel-Archange et qui s'élance
Sur le dragon aux mains l'épée,

Et toute larmes Madeleine
En cheveux longs qui dit sa peine,

Et sa sœur Marthe agenouillée,
Et Lazare leur frère aimé,

Tandis qu'en le soufre et les flammes,
Purgatoire où brûlent les âmes,

On les voit les yeux alanguis
De l'espoir doux du bien promis.

*

Mon Dieu aux jours de mon enfance
Où si près de vous j'ai dormi,

En ma maison, dans le silence
Où je vous évoquais la nuit,

Mon Dieu, là-bas, dans mon jardin,
Triste ainsi qu'ils sont dans les villes,

Et qu'au temps où vivaient les miens
Seul un mur et couvert de tuiles,

Me séparait, dit en ses pierres,
De votre présence réelle

Toute proche là au calvaire
Où vos anges croisaient leurs ailes ;

Mon Dieu alors aux nuits d'hiver
Lorsque le vent du Nord montait,

Criant comme à la mort dans l'air,
Et que tous les carreaux tremblaient

Et qu'au fleuve à la marée pleine,
Pour au bord des quais trouver place,

Vrombissait la voix des sirènes
Des vapeurs qui cherchaient la passe,

Mon Dieu, mon cœur d'enfant inquiet,
Alors de vous savoir tout proche,

Couché en long là, dans les roches,
S'allait vers vous et trouvait paix.

*

Mon Dieu aujourd'hui loin de moi
Qui dormez encore à Saint-Paul,

En la rue douce où fut mon toit,
En ma rue blanche comme un pôle,

Mon Dieu qui les avez connus
Les primes matins de ma vie,

À son aube quand j'étais nu
De chair comme de cœur aussi,

Mon Dieu encore ici c'est moi
Mais las! et de tout revenu,

Des jours en long que j'ai vécus
Plus en la peine qu'en la foi.

*

Mon Dieu j'avais trop espéré
Des matins qui m'avaient souri,

Et je me suis ainsi trompé
Sur la voie loin que j'ai suivie,

Et tout est mort ou s'est allé
De ce que jadis j'ai aimé ;

Et maintenant voici le soir
Et mon heure qui va sonner,

Et mon âme qui va entrer
Là-bas où la nuit se fait noire,

Mon Dieu mien, de la rue Saint-Paul,
Donnez-moi vous en long couché,

Là-bas au calvaire du môle
Comme aux marins que vous aimez,

Le sommeil doux qu'après la vie
J'ai de tous les temps espéré.

IN MEMORIAM

I

À MON PÈRE

Mon Père Louis, Jean, François,
Avec vos prénoms de navires,
Mon Père mien, mon Père à moi,
Et dont les yeux couleur de myrrhe,

Disaient une âme vraie et sûre,
En sa douceur et sa bonté,
Où s'avérait noble droiture,
Et qui luisait comme un été,

Mon Père avec qui j'ai vécu
Et dans une ferveur amie,
Depuis l'enfance où j'étais nu,
Jusqu'en la vieillesse où je suis.

*

Mon Père, amour m'était en vous,
Que j'ai gardé toute ma vie,
Ainsi qu'une lumière luie
En moi, et qui vous disait tout ;

Mon père qui étiez ma foi
Toute de clarté souriante,
Dont la parole m'était loi
Consentie par mon âme aimante,

Mon Père doux à mes erreurs,
Et qui me pardonniez mes fautes,
Aux jours où trop souvent mon cœur
De sagesse n'était plus l'hôte,

Mon Père ainsi je vous ai su
Dans les heures comme elles viennent
Du ciel ou d'enfer descendues,
Apportant la joie ou la peine.

*

Or paix et qui était en vous
En l'amour du monde et des choses,
Alors que mon cœur un peu fou
Les voyait eux, parfois moins roses,

C'était vous lors qui m'apportiez
Foi en eux qui n'était en moi,
Lorsque si doux vous souriiez
À mes craintes ou mon émoi,

Et vous étiez alors mon Dieu,
Et qui me donniez en silence,
Et rien que par votre présence
Espoir en le bonheur qu'on veut.

Pour mieux accepter en l'attente
L'instant qui est, le jour qui vient,

Et sans que doute les démente
Croire aux joies dans les lendemains.

*

Ô mon Père, vous qui m'aimiez
Autant que je vous ai aimé,
Mon Père vous et qui saviez
Ce que je pensais ou rêvais,

Un jour où j'avais cru trouver
Celle qui eut orné ma vie,
À qui je m'étais tout donné,
Mais qui las ! ne m'a pas suivi,

Alors et comme je pleurais,
C'est vous si doux qui m'avez dit :
Rien n'est perdu et tout renaît
Il est plus haut des paradis,

Et c'est épreuve pour ta chair
Sans plus mais d'âme un autre jour,
Tu trouveras le vrai amour
Éternel comme est la lumière,

Et pars et va sur les navires
Pour oublier ici ta peine,
Puisque c'est ce que tu désires,
Et bien que ce soit chose vaine,

Va, mon fils, je suis avec toi,
Tu ne seras seul sous les voiles,

Va, pars et surtout garde foi,
Dans la vie et dans ton étoile.

*

Or des jours alors ont passé
De nuit, de brume ou d'or vêtus,
Et puis des mois et des années
Qu'ensemble nous avons vécus

Mon Père et moi d'heures sincères,
Où nous était de tous les jours
La vie ou douce, ou bien amère,
Ainsi qu'elle est et tour à tour,

Et puis en un matin d'avril
Les anges noirs eux, sont venus,
Et comme il tombait du grésil
Sur les arbres encore nus,

C'est vous mon Père bien aimé,
Qui m'avez dit adieu tout bas,
Vos yeux dans les miens comme entrés
Qui êtes mort entre mes bras.

II

À MA MÈRE

Ô Claire, Suzanne, Adolphine,
Ma Mère, qui m'étiez divine,

Comme les Maries, et qu'enfant,
J'adorais dès le matin blanc

Qui se levait là, près de l'eau,
Dans l'embrun gris monté des flots,

Du fleuve qui chantait matines
À voix de cloches dans la bruine ;

Ô ma Mère, avec vos yeux bleus,
Que je regardais comme cieux,

Penchés sur moi tout de tendresse,
Et vos mains elles, de caresses,

Lorsqu'en vos bras vous me portiez
Et si douce me souriiez,

Pour me donner comme allégresse
Du jour venu qui se levait,

Et puis après qui me baigniez
Nu, mais alors un peu revêche,

Dans un bassin blanc et d'eau fraîche,
Aux aubes d'hiver ou d'été.

Ô ma Mère qui m'étiez douce
Comme votre robe de soie,

Et qui me semblait telle mousse
Lorsque je la touchais des doigts,

Ma Mère, avec aux mains vos bagues
Que je croyais des cerceaux d'or,

Lors en mes rêves d'enfant, vagues,
Mais dont il me souvient encor;

Ô ma Mère aussi qui chantiez,
Parfois lorsqu'à tort j'avais peine,

Des complaintes qui les faisaient
De mes chagrins choses sereines,

Et qui d'amour me les donniez
Alors que pour rien, je pleurais.

Ô ma Mère, dans mon enfance,
J'étais en vous, et vous en moi,

Et vous étiez dans ma croyance,
Comme les Saintes que l'on voit,

Peintes dans les livres de foi
Que je feuilletais sans science,

M'arrêtant aux anges en ailes
À l'Agneau du Verbe couché,

Et à des paradis vermeils
Où les âmes montaient dorées.

Et vous m'étiez la Sainte-Claire,
Et dont on m'avait lu le nom,

Qui portait comme de lumière
Un nimbe peint autour du front.

*

Mais temps qui va et jours qui passent,
Alors, ma Mère, j'ai grandi,

Et vous m'avez été l'amie
Aux heures où j'avais l'âme lasse,

Ainsi que parfois dans la vie
Il en est d'avoir trop rêvé

Et sur la voie qu'on a suivie
De s'être ainsi souvent trompé.

Et vous m'avez lors consolé
Des mauvais jours dont j'étais l'hôte,

Et m'avez aussi pardonné
Parfois encore aussi mes fautes,

Ma Mère, qui lisiez en moi,
Ce que je pensais sans le dire,

Et saviez ma peine ou ma joie
Et me l'avériez d'un sourire.

*

Ô Claire, Suzanne, Adolphine,
Ô ma Mère, des Écaussinnes,

À présent si loin qui dormez,
Vous souvient-il des jours d'été,

Là-bas en Août, quand nous allions,
Pour les visiter nos parents

Dans leur château de Belle-Tête,
Bâti en pierres de chez vous,

Et qui alors nous faisaient fête
À vous, leur fille, ainsi qu'à nous,

En cette douce Wallonie
D'étés clairs là-bas, en Hainaut,

Où nous entendions d'harmonie,
Comme une voix venue d'en-haut,

Le bruit des ciseaux sur les pierres
Et qui chantaient sous les marteaux,

Comme cloches sonnant dans l'air
Ou mer au loin montant ses eaux,

Tandis que comme des éclairs
Passaient les trains sous les ormeaux.

Ô ma Mère des Écaussinnes,
C'est votre sang qui parle en moi,

Et mon âme qui se confine
En Vous, et d'amour, et de foi,

Car vous m'étiez comme Marie,
Bien que je ne sois pas Jésus,

Et lorsque vous êtes partie,
J'ai su que j'avais tout perdu.

III

À MA SŒUR MARIE

Ma Sœur Marie, Ma Sœur Marie,
Et qui m'avez aussi quitté,

Comme souriait à la vie
Un dimanche d'après-dîné,

Alors qu'avril, lumière luie,
Telle d'un adventice été,

Et lilas branches refleuries
Chantaient dans l'air printemps qui naît,

Ma Sœur Marie, Ma Sœur Marie,
Et qui m'avez alors quitté.

Ma Sœur Marie, Ma Sœur Marie,
Qui souriiez triste à la vie,

Ma Sœur qui aviez trop rêvé
Aux grands ciels bleus du paradis

In memoriam

Et de ne l'avoir approché,
Gardiez en vous un cœur contrit,

Ma sœur parfois et qui riiez,
Mais plus souvent avez pleuré,

Ma sœur qui n'avez pas trouvé
Le bonheur que vous attendiez.

*

Ma sœur alors un peu déçue,
Qui avez su les jours de pluie,

Mais n'avez eu la part élue
Qui donne au cœur foi dans la vie,

Ma Sœur dont les yeux étaient gris,
C'était en eux votre âme luie,

Et comme un miroir sans secret,
Vous disant douce, sûre et vraie,

Dans une tendresse alanguie,
Où parlait tout bas le regret.

*

Ma Sœur souvent qui revenez
Dans les nuits qui nous font croyance,

Des rêves en soi que l'on fait,
Ma Sœur alors qui revenez,

Vous souvient-il de notre enfance
Là-bas dans la maison aimée,

Quand c'était vous en robe blanche
Et comme une vierge parée,

Qui les écoutiez, les dimanches,
À Saint-Paul, les heures sonner ?

*

Ma Sœur vous souvient-il encor
Des roses que tant vous aimiez,

Quand au printemps, le soleil d'or
Dans notre jardin descendait,

Faisant clarté sur toutes choses
Après les grands hivers moroses

De brume, de vent et de froid,
Dont le fleuve disait l'émoi,

Ma Sœur vous souvient-il encor
Des roses lors que vous cueilliez ?

*

Ma Sœur Marie, Ma Sœur Marie,
Après, ce fut vous dans la vie,

Où les jours viennent, les jours passent,
Faisant cœur lourd ou l'âme lasse,

Quand le bonheur qu'on a rêvé
N'a pas été, las ! approché,

Et vous n'avez pu l'oublier,
Ma Sœur Marie, Ma Sœur Marie,

Et d'avril une après-dîné,
Ma Sœur, vous nous avez quitté.

*

Ma Sœur à présent qui dormez,
Là-bas, à côté de mon père,

Au long des jours qu'ont les années
Dites de printemps ou d'hiver,

Ma Sœur là-bas qui m'attendez,
Dans la nuit noire de la terre,

Pour être un jour à vos côtés
Lorsque mon heure aura sonné,

Ma Sœur Marie, Ma Sœur aimée,
Vous aussi qui avez souffert,

Ce sera nous lors comme avant
Réunis, mais dans le sommeil,

Et dans la paix que l'on attend
Après sa vie sous le soleil.

AD FINEM

À présent ici,
Noue-la ton écharpe,
C'est le vent, la pluie,
Tu n'as plus vingt ans,

Tes cheveux sont blancs
Et grise ta barbe,
Et voici la vie
Dont tu te déprends,

Plus rien ne t'attend
Dans les jours qui viennent,
Et choses anciennes
Qui ont fait leur temps,

Tu portes ton cœur
Et sans te leurrer,
Du jour ou de l'heure
Qui meurt ou qui naît.

Âme en toi qui sait,
Est-ce la sagesse ?

Est-ce la tristesse ?
Ou bien le regret ?

Âme en toi qui sait
Ce que vie apporte
Dans des heures mortes
Ni tristes, ni gaies,

C'est lumière aux cieux
Autrement qui luit,
Que dans les jours bleus
Jadis de ta vie,

Et monde changé,
Rues où tu t'en vas
Comme un étranger
En cherchant ta voie.

Pourtant de chez toi,
Maisons, toits, fumées,
Dans l'air que l'on voit
Sous le ciel monter,

Navires là-bas,
Leurs vergues croisées,
Qui dressent leurs mâts
Guidons arborés,

Choses dans tes yeux
Qui ont navigué,
Dans des jours heureux,
Des mois, des années,

Et que tu as sues,
Que tu as aimées,
Est-ce en ton oubli
Qu'elles sont entrées ?

Non, tu as vieilli,
Et las ! tu le sais,
Non tu as subi,
Mais rien n'a changé,

Dans l'amour en elles,
Jadis éprouvé,
Où tu trouvais ailes
Et dans tout les temps,

Il n'en est ici
Qu'ainsi qu'en la vie,
Où c'est du présent
Que meurt le passé.

Chansons d'Amures

LIMINAIRE

Il était une fois…
Par-dessus arbres, chaumes, toits,
Et plus loin que le ciel qu'on voit,
Autour de Flandre pour la joie
Et de Hollande pour la brume,
Il était une fois…

Il était une fois
Mais encore à plus douce voix
Qu'aux matins des villes qui fument
En l'air peint en bleu sous leur croix
Les cloches disant haut leur foi
Il était une fois,

Il était une fois
Après ces villes et ces toits,
Et près du ciel et des étoiles,
De l'eau, du vent et puis des voiles
Il était une fois :
La mer.

LA PREMIÈRE

I

PARTANCE

Et pour commencer tout d'abord,
C'est ici chez nous, ceux du Nord,
Quand vient mai où le poisson mord,

Et qu'Hiver chu, toilette faite,
Pour le grand bal de mer sont prêtes
Houlques, semaques, goélettes,

Alors un jour, marée montant,
Et chaque chose ayant son temps,
Après la pluie, venu le vent,

C'est par un matin clair et blond,
Partance hissée au mât d'avant,
Eux qui s'en vont vers le poisson.

Or aux quais lors toute la ville,
Femmes, enfants, parents, familles,
Mains levées dans l'air immobile,

Saignez les cœurs, montez les voix,
Et belles filles, nus les bras,
Envoyez vos baisers des doigts,

Car ici comme tous les ans,
Ce sont encore eux qui s'en vont,
Et Dieu sait quand ils reviendront.

Mais ancres alors relevées,
Brise venue soufflant grand frais,
Et tout dans l'air sentant l'été,

Puis en-haut, et dans la lumière,
Carillons gais, carillons clairs,
Jouant au ciel leurs plus beaux airs

À-Dieu-va ! à chacun son lot,
Le pilote a mis son chapeau,
Et Dieu vous garde ! matelots ;

Et, comme ils sont tous de chez nous
Eux, les vaillants, les bons, les doux,
Alors ici, nous pleurons tous.

LA SECONDE

II

L'ALLER

Et maintenant voici qu'ils partent,
Et le fleuve là-bas tournant,

Bas-bord amure, en l'air qui arde,
Soleil étant, malgré le vent,

Avec leurs mains à tous levées,
Et qui s'agitent dans l'adieu,

Et voiles, en brise montée,
Se disant blanches sous les cieux.

Et maintenant voici qu'ils vont
Partances aux mâts descendues,

Et sonde aussi de peur des bancs
De sable blanc qui ne sont vus

Que quand est basse la marée
Et les flots eux, plus loin allés ;

Et que c'est brise en l'air qui chante
Et puis les voiles, et encor

Les focs aussi, et dans leur for
Vergues, agrès qui se tourmentent.

Et puis voici qu'on les voit moins
Peu à peu, parce qu'ils s'éloignent,

Derrière dunes qui sont au loin ;
Et puis les voici qui se oignent

À l'horizon de brumes bleues,
Et qu'il n'est plus que haut des mâts

Avec leurs drapeaux que les yeux
Voient au loin se dire là-bas.

Or port alors où sonne l'heure
À carillons sur des airs gais,

Les femmes sont là, et qui pleurent,
Dans le vent lui, qui est monté ;

Ils sont partis eux, les pêcheurs
De cabillauds et de morues,

Ils sont partis dans la douleur
De leurs femmes de crainte émues,

Car Dieu sait quand ils reviendront,
Après des jours et dits en long,

Avec leurs barques et chargées
De plies, de morues, de saumons,

Et celles qui les ont aimés
S'en retournent vers leur maison.

LA TROISIÈME

III

LA MER

Puis doucement comme elle vient
Au bout des fleuves qu'elle attend,

C'est la mer, ainsi que du vin,
Qui les enrobe en tous les temps,

Et comme prise de boisson,
Les dit alors roses ses houles,

À flots ivres couchés en long
Ou bien en folie qui s'écroulent ;

Puis mer aussi qui dit poissons,
Et cabillauds alors qui sautent,

Morue, elle, et qui s'étend
Comme un plat attendant son hôte,

Puis dans les eaux qui se déploient,
Comme un oiseau plane en le ciel,

C'est le hareng et que l'on voit
Ainsi que font les hirondelles,

Plonger dans un ciel d'eaux vermeilles
Et puis après en remonter.

Or monde lors qui n'est plus qu'eaux,
Et comme yeux de celles qu'on aime,

Se dit bleu-mauve un peu falot,
Ou bien encor de vert suprême,

Joie qu'on en prend lors dans les hunes
Où le vent chante du Schumann,

Comme le font les femmes brunes
À Java ou bien à Padang,

C'est matelots eux, aux écoutes,
Pêcheurs, et qui cherchent le vent,

Pour les amurer les écoutes
Des voiles en l'heure ou l'instant.

LA QUATRIÈME

IV

LA COURSE

Or nef alors qui court
Ainsi qu'un lévrier,

Dans les temps, dans les jours,
Et chantant les huniers,

Lors c'est le vent qui rit,
Et c'est la mer qui pleure,

Dans le froid qui grandit
En la venue des heures,

Et vagues, et qui dansent
Comme des ballerines,

Et dans l'air qui s'élancent
Sapides et félines,

Comme sont dans les ports
Celles qu'on va trouver

Pour avoir amour mort
Qu'on va pourtant chercher

Et pour mieux se donner
Vêtent maillots de moire,

Suivant leur destinée
Et de jour, et de soir.

Puis c'est le vent qui pleure
Et c'est la mer qui rit,

Et le poisson qui leurre
L'appât aux filets mis,

À la traîne et aux bords
Bitumés du navire,

Dans le bien et le pire
Que disent mers du nord,

Où saumons et flétans
Dans les glaces aspirent

En la pluie ou le vent,
Au pain que l'on leur tend.

Or jours alors qui vont
Sentant le foie et l'huile,

Sous des ciels pâles, blonds,
Que gel rend immobiles,

C'est la nef qui s'en va
Vers le hâvre où l'on vend

Ce qu'on a pris là-bas,
Dans le froid, neige en blanc,

Et dans un port perdu
Amures qu'on détache,

C'est l'heure, et advenue,
Où la nef fait relâche.

LA CINQUIÈME

V

REYKJAVIK

Or voici alors Reykjavik,
Là-haut et sur la mer arctique,

Et dans l'embrun, et dans les glaces,
Et dans le froid d'un gel qui mord,

Où se dit port lors d'âme lasse
Et qui semble attendre la mort,

C'est quai par la nef abordé,
Les pêcheurs qui quittent le bord,

Pour en les bars aller chercher
L'alcool blanc en le jour qui dort,

Et les femmes elles qui veillent
Pour la donner aux matelots

Leur chair et dite ou jeune ou vieille
Dans un amour un peu falot,

Et fait d'une heure ou bien d'un jour
Sans plus, et comme il est d'amour,

En le bien, le mal ou le pire,
Pour ceux et qui sont des navires.

Or boissons aussi qui se disent
Amères ou douces qui grisent,

Et qu'élisent les matelots
Pour trouver joie qui chante haut,

Whiskey anglais qui donne ivresse,
Saké japonais la tendresse,

Dans la fièvre parfois qu'on a
D'une amour que l'on porte en soi,

Puis anis grec qui dit amer
Le désir qu'on a de la chair

Après des jours trop de sagesse
Passés sur la mer sans liesse,

Quand c'est le sang alors qui bat
Comme un marteau au cœur qu'on a,

Et qui cherche à se satisfaire
N'importe de quelle manière.

Or femmes lors et qui sont là,
En robes rouges, gorge ouverte,

Dans la nuit qui se dit sans foi,
Au bord des quais sur de l'eau verte,

Femmes qui savent ce qu'il faut
Au pêcheur ou au matelot,

Musique alors meulant aux bars,
Dans un grand froid qui dit le soir,

Ce sont elles et sur le tard,
Qui se donnent blondes ou noires,

Aux marins alors et qui viennent
Boire, en elles, l'heure païenne.

LA SIXIÈME

VI

LA PÊCHE

Et maintenant éteintes
Leurs soifs, c'est pour le pain,
De nouveau dans l'étreinte
Des flots, leur levain

D'aller plus haut au monde
Vers les bancs bleus des glaces,
Chercher loin à la ronde
Dans les vagues qui passent,

L'huile qui est le sang
De baleine ou dauphin,
Là-bas aux pôles blancs
Où soleil est éteint,

Et les cieux ne sont plus
Que dits et tout en noir,
Dans des heures à nu
Qu'alors on s'en va boire,

Dans les matins qui viennent
Qu'on ne distingue plus

Des nuits dont c'est l'antienne
D'un émoi éperdu,

En l'ombre où tout se tait,
Comme faite de larmes,
Et pour l'éternité,
Alors les cœurs, désarme.

Et maintenant voici
Que dans le vent qui clame,
La nef, elle, bondit,
Sur les vagues, les lames,

Et que soudain là-bas
À l'horizon et gris,
Une baleine est là
Comme une île jaillie

De la mer, qui s'étale
En sa chair et polie
Ainsi que d'un métal
Et qui serait verni,

Puis des dauphins aussi
Qui vêtent robe grise,
Et alors dans la brise
Qu'un peu de soleil luit.

Or c'est le but atteint
Lors pêcheurs qui est vôtre,
Et qui vous donne pain
Et comme fait l'épeautre,

Et dans le froid, le gel,
Là-bas au bout du monde,
Qui vous est alors ciel
Dit sur la terre ronde,

Après des jours en long
Et faits d'heures amères,
Sur les flots où tout fond
En le cœur et la chair.

LA SEPTIÈME

VII

AUX QUAIS

Et puis voici qu'ici,
C'est là-bas dans les Flandres,
Où c'est l'Été qui luit
Et d'or dans le ciel tendre,

Et le fleuve qui chante
Aux quais qu'ils ont quittés,
Depuis des jours allés
Au long cours d'heures lentes,

Dans les saisons qui disent
Les hivers, les étés,
En le temps qui se grise
Ainsi d'éternité.

Et puis voici qu'elle est
Aussi tombée la pluie,
Quand automne qui naît
Fait les feuilles jaunies,

Qui prennent alors ailes
Pour s'aller dans le vent

Chercher ainsi qu'un ciel
Dit dans du sable blanc,

Et que c'est vie ainsi
Aux choses comme aux hommes,
De flammes ou transie
Au monde où nous sommes.

Et puis voici qu'on pleure,
Et puis aussi qu'on rit,
Suivant l'instant ou l'heure
Qui nous dit jour ou nuit,

Et c'est ici les femmes
De ceux qui sont partis,
Dans l'attente qui prient
Pour ceux chers à leur âme,

Qui là-bas sur la mer
Sont si loin dans leurs bras,
Et alors jours amers
Qui leur sont comme croix.

LA HUITIÈME

VIII

ILS ONT ÉCRIT

Et puis voici qu'ils ont écrit
Qu'ils en ont pris, qu'ils en ont pris,

D'abord par un, et puis par mille,
Des gros, des gras, tout foie, toute huile ;

Et puis voici qu'ils ont écrit
Qu'ils en ont pris, qu'ils en ont pris

D'abord par un, et puis par dix,
De grands et de petits aussi.

Et puis après qu'ils sont allés
Sur une île pour les sécher,

Et comme il faisait du soleil
Qu'ils y ont trouvé des abeilles,

Et qu'ils ont vu, et qu'ils ont vu,
Des hommes noirs s'aller tout nus,

Et des femmes tirer des flèches
Contre un brick anglais de commerce.

Et puis encore, et puis alors,
Qu'ils ont eu las! aussi des morts,

Mais que c'est surtout de l'hiver
Que dans leur chair, ils ont souffert

Et maintenant, et maintenant,
Qu'eux les heureux, eux les vivants,

Ils attendent après le vent
Pour retourner vers leurs maisons.

LA NEUVIÈME

IX

BAFFIN

Et maintenant c'est là
Sur la mer de Baffin,

Et le gel, et le froid,
Et le vent dur qui vient,

Dans un enfer de glaces,
La nef elle, qui passe,

En la nuit éternelle
Et qui est de là-bas

De terreur et d'effroi
Et où d'âme sombrée

Les pêcheurs sur la voie
Des flots s'en sont allés.

Et maintenant c'est là
Où c'est la mort qu'on voit

Dite blanche de neige
Aux banquises qu'assiègent

Les flots comme en folie
Et qui disent leur lie,

En l'ombre dans les jours
Qui viennent et qui passent,

Sans avoir d'autre amour
Que le gel qui les lasse.

Or c'est eux les pêcheurs
Et qui cherchent la passe

Sur la mer en fureur
Et plus loin qui les chasse,

Vers l'inconnu des pôles
Où c'est tout qui n'est rien,

Et dont crainte est le môle
Quand parfois on l'atteint,

Et puis un jour là-bas
Où plus noires les nues,

C'était l'heure des croix
Et qui était venue,

La nef a rencontré
Le récif et qui tue,

Et ceux qu'elle portait
Ne sont pas revenus.

LA DIXIÈME

X

IN PACE

Or des jours sont venus,
Et puis d'autres allés,

Et dans une foi nue
De cœurs ayant aimé,

Ceux qu'ils avaient élus
Et pour l'éternité,

Dans la vie qui se dit
De peine comme elle est,

Pour ceux qui sont des mains,
Pour ceux qui sont des pieds,

Et qui vont, sur les flots,
Au loin sur leurs navires,

En le suivant leur lot
Dans le bien ou le pire,

Et s'ils partent, souvent
Qui ne reviennent plus,

De la mer, en le vent,
Et là-bas étendue,

Qui monte ou qui descend
Lors dans des jours perdus.

Heures noires alors
Et que l'on a comptées,

Dans l'attente où s'endort
La foi qu'on a portée,

Dans des doutes amers
Et qui font nuit dans l'âme,

Tandis qu'au cœur ouvert
C'est la douleur qui pâme ;

Heures alors qu'on sait
En soi sans quiétude,

En l'amertume née
De voir dressée sa croix

Dans la paix qui s'élude
Et qu'on avait en soi.

Femmes alors qui pleurent
Ceux qui s'en sont allés,

Là-bas loin de leurs cœurs
Qui les avaient aimés,

Dans des jours bleus qui rient
Ou des nuits étoilées,

Et si doux dans la vie
Qu'on eût dit ciel touché,

Femmes qui savent lors
Ce qu'elles ont perdu

Et qui s'en vont au port
Voir de soir quais à nu,

Ce sont eux les pêcheurs
Qu'elles revoient en elles,

Et dans la nuit qui leurre
Qui les dit comme en ailes,

Dans la clarté fleurie
Qui est des paradis.

AD FINEM

Il était une fois
Plus loin que le ciel que l'on voit.
Et dans le gel, et en du froid,
Du côté de Baffin qui fume,
Dans le brouillard et dans la brume,
Il était une fois,

Il était une fois
Au nord du monde pâle et froid,
Par un minuit de lune pleine,
Sur la glace et dans le domaine
Du flétan et de la baleine,
Il était une fois,

Il était une fois
Dans la nuit d'abîme et d'effroi
Et la mort reine, et l'hiver roi,
Et pour l'éternité en long,
Et dans la mer au plus profond,
Eux, tout en bas, chez le poisson.

Les Délectations moroses

C'est le Kiosque des mille joies
C'est la porte des mille peines,

De ta vie dite cette fois
Comme un port perdu en toi-même ;

Ce sont des gens qui sont venus
Et des dieux qui s'en sont allés,

Des choses que tu as élues
Et d'autres que tu as touchées,

Pour les perdre ou les retrouver
Au long cours de ta destinée,

Mais loin alors — car tout s'enchaîne —
Si loin des jours de ton baptême,

Et moins en vous, Jésus, Marie,
Et plus ici suivant la vie,

C'est ce que tes mains ont cueilli
Au gré de l'heure vide ou pleine,

Ce sont des propos à midi
De caravane à des fontaines,

Et puis ta chair ayant subi,
Et puis ton cœur ayant saigné,

C'est ton âme qui a suivi
Tes pieds où ils voulaient aller.

Or ce sont lors des chemins faits,
Ainsi qu'ils vont le long des routes,

Par des matins comme ils sont nés
Ou des soirs apportant leur doute,

Ce sont ainsi des chemins faits
Au jour le jour par à-peu-près,

Vers des Damas ou des Thulés,
Dont tu n'es plus jamais rentré.

EN SOI

I

LIMINAIRE

Il fait matin, il fait matin,
Un agneau paît ainsi qu'en toi,

Croise sur les genoux tes mains,
Remets des bagues à tes doigts,

Avec sa belle robe à pois,
Et souliers à broderies,

Un ange sur un linge en soie
Pose la lampe de ta vie,

Et toutes choses consenties,
Port touché ou port où l'on va,

C'est jour né et lumière luie,
Temps qu'il fait dans l'âme qu'on a.

Or aube elle, qui pleure et rit,
Est-ce ta chair qui a pris froid ?

Est-ce ton cœur qui sent la pluie
D'une automne qui vient vers toi ?

Au monde où tu fus tant de fois
Sur la voie que tu as suivie,

Où tu voyais Dieu, des gens prient
Disant qu'ici douleur est loi ;

Est-ce vérité de la vie
Ou le doute qui entre en toi ?

Mais lors toi qui savais la route
Pourquoi si tard es-tu rentré,

Matelot, qui t'en es allé,
Au vent, tendant les voiles toutes ;

Matelot, toi qui as tout fait,
Le bien, le mal, même le pire,

Est-ce l'ami, est-ce l'aimée,
Pour boire avec eux ou sourire,

Que tu t'en es allé chercher
Si loin là-bas sur tes navires ?

Or, matelot, c'est ton péché,
Et comme vin bu qui se paye,

Jours d'oubli sur des atterrages,
Soirs de taverne au bout des quais,

Îles vertes sous des ombrages
Où dorment des femmes couchées,

Nuits équivoques sur des plages
Où pour une heure on a aimé,

Car, matelot, tout est naufrage,
Même en les rêves que l'on fait.

Alors ici jette les dés,
Hasard qui mène est dieu qu'on porte,

Il fait matin, le jour est né,
Ferme derrière toi la porte,

Et pars et va, la route est vraie
Où l'on marche dans la lumière,

Pour au bout enfin n'y trouver
Que son ombre dans la poussière.

II

LA ROUTE

Il y a la vie, il y a la mort,
L'une comme un puits, l'autre comme un port,

Iras-tu d'abord, matelot qui peines,
Cherchant réconfort, boire à des fontaines,

Ou bien jusqu'au bout, pèlerin qui doutes,
L'acceptant ton lot, suivras-tu la route ?

Il y a le monde où tu t'es assis,
Il y a le ciel dont tu t'es enquis,

La peine et la joie et qui se repèrent,
Aux jours que l'on a dans l'âme ou la chair,

Pèlerin qui vas, matelot qui guettes,
Yeux perdus au loin en foi inquiète,

Iras-tu là-bas et parmi les hommes,
Et pour quelles fins, et pour quelle somme ?

Il y a ton corps, il y a ton bien,
Il y a ce qui part et ce qui vient,

Ce que l'on attend, ce qu'on a cherché,
Ce qui est perdu ou qu'on a trouvé ;

Il y a le pleur, il y a le rire,
Il y a les mots aussi pour tout dire,

Et jour qui commence ou jour qui s'achève,
Il y a le songe, il y a le rêve.

Pèlerin qui vas, matelot qui veilles,
Dans le jour monté bleu sous le soleil,

Il y a la mort, il y a la vie,
L'une qui étreint, l'autre qui délie.

III

LA VIE

Voici le monde et c'est la vie,
Voici l'amour qui est folie,

Et la foi qui, elle, est en Dieu,
Comme d'éternité les cieux ;

Voici la joie qui veut qu'on rie,
La peine qui dit la douleur,

Les lèvres qui font qu'on sourie,
Et les yeux qu'on a pour qu'on pleure,

Et puis ce qu'on touche des doigts
Et que l'on croit lors vrai en soi,

Bien qu'il en soit comme des femmes
Dont on sait la chair mais pas l'âme.

Un agneau paît que tes yeux voient,
Un Christ est mort là sur sa croix,

Un enfant qui naît pleure et crie
Comme si le blessait la vie,

Un homme passe, est-ce ton frère ?
Une femme, est-elle ta sœur ?

Et c'est dans le vent, la lumière,
Montée, sous le ciel, la senteur

Douce de la terre et la mer
Loin, et des bruyères en fleurs.

Or c'est la voie qui t'est ouverte,
Sois homme, et vis lors suivant l'heure,

Suis le chemin, et rouge ou verte,
Connais-la ainsi la rancœur,

D'être du troupeau dans la vie,
Parmi tous sans rien appéter,

Que, comme eux brouter la prairie,
Ou dormir avec eux, couché.

IV

DÉSIR

Désir de Dieu
Jadis en toi,
C'étaient les cieux
Qui t'étaient foi,

Et tu croyais
Aussi aux anges,
Que tu voyais
Comme en des langes,

Passer au ciel
Les jours d'été,
Avec leurs ailes
Dans l'air ployées,

Ainsi que nefs
Courant la mer,
Au souffle bref
Du vent amer.

Il y avait
L'agneau de Dieu

En soi

Que tu savais
Dans le pré bleu,

Et puis c'était
Aussi Marie
Qui souriait
Lors à ta vie,

Et dans ton cœur
Alors à nu,
Paix et douceur
Des jours élus.

Or tu as cru,
Et puis un jour,
Comme en toi, tu
Avais amour,

C'est la chair toute
Et qui l'a prise
Ta foi, et doute
Dit d'ombres grises,

Qui t'a voilé
Lui, la lumière,
Pour t'apporter
Sa nuit amère,

Et c'est ainsi
D'avoir aimé,
Que paradis,
Ciel et clarté,

Tu as perdu
Pour une femme,
Qu'avait élue
D'amour ton âme.

V

L'AIMÉE

Voici l'aimée qui dit sa chair,
Baise les bagues à ses doigts,

C'est ton âme qui se repère
Dans tout l'amour qui fut en toi,

Et ta vie lors qui s'élucide
En sa somme tout d'une fois,

Vin remonté aux coupes vides
Que tu sus pleines autrefois.

Choses de rêve qui saluent
Femmes peintes comme en grisaille,

Dans la mémoire qu'on voit nues,
Avec des colliers de corail ;

Fidélité qui t'est restée,
De la chair que tu as vécue,

Amours d'un jour, dans des années
Loin au monde en des ports perdus,

Mon Dieu, doux à ceux des navires,
C'est vous qui les avez jugées,

Amours bonnes, même les pires,
Parce qu'en l'instant sûres, vraies.

Or jardin lors, dans les rochers,
Aux lointains mauves de ta vie,

Où si souvent tu es monté
Chercher des fins tout d'harmonie,

À ton désir ou tes souhaits
Les yeux fermés ainsi qu'on prie,

Jardin clos, de tes rêves faits
Qui s'enchaînent ou se délient,

Voici l'aimée qui dit sa chair,
Baise les bagues de ses doigts,

Amours premières ou dernières,
Toutes en une et seule en toi.

VI

SÉRÉNITÉ

Il est parfois
La paix en toi,

Lorsque de vivre
Tu n'es plus ivre ;

Et qu'en ton for
Enfin s'endort

Lasse la chair
Souvent amère ;

Il est parfois
Pitié en toi

De choses qui
Pleurent ou prient,

Telle la mer
Même aux jours clairs,

Qui dans l'air crie
Ou bien supplie,

Et sous le vent,
Et sur les bancs,

Monte et descend
En sanglotant.

Il est parfois
Douceur en toi,

Du monde aussi
Et de la vie,

Quand amour tu
Dans ton cœur nu

Et dans l'oubli
Qui se délie,

C'est ton âme, elle,
Qui prend des ailes,

Et qui, amie,
Te sourit luie,

Comme si elle
Était au ciel.

VII

COULEURS

Quand tu voudras aimer
Loin des femmes cruelles,
Hors la chair, l'âme ailée,
Qui appète le ciel,

Marie-les dans tes jours,
Les couleurs entre elles,
La beauté est en elles
Et dite tout d'amour,

Et comme les aimées,
Les unes sont candides,
Et de grâces sapides
Sont les autres parées.

Toute la vie qu'on porte
Est reflétée en elles,
Leur robe en quelque sorte,
En disent les émois,

Et les blanches sont celles
Qui avèrent la foi,

En ceux qui rêvent ciel
Auquel leur âme croit,

Ou la virginité
Douce des ingénues,
De grâce immaculée
Et dont le cœur est nu,

Et celles qui sont bleues
L'amour, et tout en ailes,
Que l'on lit dans les yeux
Et que la chair appelle.

Or il en est de mauves
Et il en est de grises,
Et rêves qui se lovent,
Et songes, qui les disent,

Et ce sont en toi, celles
Souvent qui t'ont complues,
Car il était en elles
Toute ta vie vécue.

VIII

LE SONGE

Mon Dieu, des jours qui vont,
Mon Dieu, des jours qui viennent,

Dans le temps tout qui fond
Mêmes douleurs anciennes,

Comme au monde, les heures
Sont d'hiver ou printemps,

Les jardins de nos cœurs
Ont aussi leurs saisons,

Et c'est de brume ou pluie,
De soleil ou clarté,

Qu'on vit en soi sa vie
Suivant le vent levé,

En la joie ou la peine
Alors à coupe pleine.

Mon Dieu, ils sont en nous
Comme en l'Inconscient,

Nos cœurs sages ou fous,
Suivant l'heure ou l'instant

Comme après dés jetés
On sait fortune ou ruine,

Ou comme aux jours d'été,
Vent, les roseaux incline,

Car sans cause ou raison
C'est sises hors de nous,

Que choses et qui sont
Venues on ne sait d'où,

Et tenant du hasard
Ou bien de notre étoile,

Nous font comme nuit noire
Dans l'abstrait qui les voile.

Or c'est ainsi, en soi,
Qu'on est si peu soi-même,

Qu'on ne sait pas pourquoi
L'on hait ou bien l'on aime,

Et que c'est vie qu'on a
Alors et qu'on subit,

Dans des jours longs, sans foi,
Ou souvent trop redits ;

Et tu les as connus
Toi, ici haut qui rêves,

Et dans ton for à nu
Comme est le sable aux grèves ;

Et c'est ton cœur alors
Et qui a pris des ailes,

Pour retrouver sans leurre
Et sa paix et son ciel,

Dans le songe en la vie
Qui de tout nous délie.

IX

EN SOI

Et maintenant voici tes mains
Qu'ont sues des femmes de caresses,

Et tes pieds, eux, mais sans liesse,
Qui t'ont conduit à ton destin ;

Et c'est d'hiver ou de printemps,
Au monde de joie ou amer,

Qu'en les jours les mois qu'ont les ans,
Ont vécu ton cœur et ta chair,

En leurs désirs ou leurs souhaits
Obscurs ou luis, brumeux ou clairs,

Et sous le ciel ainsi qu'il est
Dit dans l'air bleu, ou jaune ou vert.

Or sous ton front ce sont tes yeux
Qui ont cherché eux la lumière,

Moins aux éthers dorés des cieux
Qu'en bas aux choses de la terre,

Et de douceur, et de tendresse,
Ont trouvé un jour la clarté,

Aux loins des mers sur des rochers
Où des îles roses se dressent,

Ainsi que femmes en beauté
Et la disant nue leur jeunesse,

Dans les coraux, les palmeraies,
Sentant le fruit, la chair pâmée.

Et maintenant ici c'est toi
Et revenu de toutes choses,

Et pour des raisons vraies ou fausses,
Qui ne l'as retrouvée ta foi ;

Toi et qui te croyais parti
Dans le temps pour l'éternité,

Et dans les éthers infinis
Enfin en toi trouver ta paix,

Et sur la voie n'as rencontré
Que le sommeil noir de l'oubli ;

Et qui aujourd'hui sans paroles,
Et dans un grand silence en toi,

Comme l'aiguille des boussoles,
La cherche ta ligne de foi.

SOUS LE SOLEIL

I

LE CHALET

Pays dont tu es l'hôte,
Et qui dit sa saison,
Dans la paix du soir long
Une montagne est haute,

Et tout le jour vécu
N'est plus, comme un chardon,
Qu'un peu de rose tu
Dans le soir qui repose.

Musique cependant
Voix dans l'air qui se pose,
Au chant d'un rythme lent
Qui monte et puis descend,

Dans le chalet qu'on voit,
Suisse d'Hôtellerie,
Et si peu de chez toi,
Et si peu de ta vie,

C'est ta sœur en bas,
Dans le salon rouge,
C'est ta sœur, en bas,
Qui joue du Schumann.

II

CANICULES

Chaleur torride de juillet,
Il sent la menthe, il sent le buis,
Et blanche dans le ciel muet,
Ta maison est là et qui rit,

Carreaux luisant comme des yeux,
Regardant, après la prairie,
La mer là-bas monter en bleu,
Dans la clarté et resplendie.

Or quatre heures d'après-dîné,
Et la servante, elle qui file,
Et sur la fenêtre le dé,
Avec la bobine et le fil,

Voici du côté de la ville,
Plus fort soudain l'odeur qu'on sent
Des foins coupés sur le redan
Qui sèchent dans l'air immobile,

Et qu'en son plus chaud la journée,
Et mouches tues comme des mortes
Une ombre vient que le ciel porte
Et qu'on dirait qu'il va tonner.

III

CANARIES

Il est midi,
Midi d'été,
À Saint-André
Des Canaries,

Et quoique flots
Au loin à luire,
Il fait si chaud
Qu'on croit mourir ;

Et comme yeux
Qu'on sait de celles,
Qu'on a parfois
Un jour aimées,

C'est la mer bleue
Au bout du ciel,
Qui chante joie
Marée montée.

Or rouges dits
Alors rochers,

En l'heure luie
Comme bûchers,

Et dans l'air lourd
Et tout de flammes,
Comme de femmes
Cœurs en amour,

C'est comme enfer
Sur la montagne,
Dans l'air qui stagne
Sentant la mer,

Et lors sans leurre
Au temps qui passe,
S'avérant l'heure
Bien que luie, lasse ;

Il est midi,
Midi d'été,
À Saint-André
Des Canaries,

Il est midi
Tout plein d'abeilles,
Dans l'air qui rit
Sous le soleil.

IV

LES NEFS

Le ciel est bleu, le jour est clair,
Des vaisseaux s'en vont sur la mer,

Et Dieu sait quand ils reviendront !

Ils sont partis dans la lumière
Voiles tendues à vent d'arrière,

Aux mâts hissés leurs pavillons ;

Et bonnettes mises dehors,
Pour gagner sur le vent qui dort,

Dans l'air où luit, rit le soleil ;

Et c'est flots qui chantent amour
Et venus chacun à leur tour,

En leurs longues robes vermeilles.

Or temps alors et qui n'importe
Dans la joie qu'aller leur apporte,

Ainsi qu'oiseaux ailes tendues,

Au monde sur des chemins clairs
Et transparents comme du verre,

Qui leur montrent la mer à nu ;

C'est aux horizons bleus qu'ils cherchent
Dans la brise à haleine sèche,

Le port aux îles attendues.

Mais jours alors et temps qui passent
Chaleur montée qui fait chair lasse,

Et qui dit le hâvre approché,

C'est, un jour, le quai que l'on touche,
Et joie, comme il est pour la bouche,

Du pain qui fait faim apaisée.

V

TOLÈDE

C'est lune luie,
Et à Tolède,
Où des aèdes
Chantent de nuit,

Dans un jardin
Où viennent femmes,
Chercher leur bien
Dans l'air qui pâme.

Nuit qui s'avère
Toute d'étoiles,
Comme yeux clairs
Que rien ne voile,

Et lune là
Telle cymbale,
D'argent et pâle
Elle, sans voix,

C'est dans la nuit
Musique gaie,

Qui chante vie
Ainsi qu'elle est.

Or cheveux noirs
Et dénoués,
Lors après boire
Comme enrouées,

Femmes qui chantent
Accompagnant
Guitares lentes
Et puis dansant,

C'est fandango
Qui les dit, elles,
Avec des ailes,
Suivant leur lot,

Qui est d'aimer
De jour ou soir,
En matin né
Ou de nuit noire.

VI

EN RAMADAN

C'est dans la nuit de Ramadan
Et tu es assis sur un banc,

Là-bas, chez des Turcs et des Maures,
En attendant venir l'aurore ;

La lune au ciel, comme un accent
Aigu, dit blonde son croissant,

Sur les coupoles des mosquées
Comme seins d'or dans l'air dressées,

Et dans le port tus et silents,
Et comme s'ils avaient jeûné,

Les vaisseaux dorment dans le vent,
Au bord du quai, voiles carguées.

Or nuit étant, le jour allé,
Où l'on peut, et rideaux tirés,

Pour apaiser ou soif ou faim,
Manger ou boire, sauf le vin,

Et odeurs de fruit et de chair
Se mêlant au vent de la mer,

C'est dans l'air senteurs d'Orient,
Dites de musc, myrrhe et encens,

Et qu'on aspire dans la poussière,
Comme il est du sable au désert.

Mais Anglais alors advenus,
Longues les dents et aussi bus,

Et cherchant dans la nuit des femmes,
Dans l'air lourd comme chair qui pâme,

C'est eux, ne les ayant trouvées,
Qui s'en retournent sur le quai,

Hostiles, durs et qui chavirent
Retrouver là-bas leurs navires ;

Et dans la nuit de Ramadan,
Toi qui es assis sur un banc.

VII

LA JONQUE

Une jonque s'en va
Et de thé vert chargée,
Dans la fin du jour las
Chercher port à Shangai,

Et glisse sur les eaux
Unies comme une glace,
En les ombrant les flots
Avec ses voiles basses.

Il fait dans l'air si doux
Qu'on dirait que l'on aime,
Et le vent un peu fou,
Sans souffler, fait quand même.

S'arrondir voiles hautes
Ouvertes comme fleurs,
Dans le ciel d'or leur hôte
Sans que trop il les leurre,

Et les vagues sont mortes
Et ce n'est plus qu'eau claire,

La mer, et qui la porte
La jonque peinte en vert.

Or en sa robe bleue
Et aux manches fendues,
Yang-tsé, en long les yeux,
Regarde aux loins perdus,

Les horizons, eux nus,
Et dits en ligne droite,
Qui ne sont qu'en l'air moite
Ciel et mer confondus.

Puis c'est la nuit qui vient
Comme miel qui s'aigrit,
D'abord couleur de vin
Et puis étoiles luies,

Et très loin, comme lune
Que l'on croirait de rêve,
Une lumière brune
Au bout du ciel se lève

Et c'est là-bas le phare
De Shangai qui s'allume,
Et le port sur le tard
Qui se dit et qui fume,

Et le quai approché,
L'ancre, elle, qui prend fond,
Comme flèche tirée
D'un arc qui se détend.

VIII

PHÈBE

Et maintenant ici c'est toi
Et dans le ciel, elle, la lune,

Comme une meule d'or qui broie
Les étoiles, et une à une,

Les absorbant dans sa clarté,
Qui n'est que reflet du soleil,

Comme sur un miroir tombé,
Et dont le tain serait vermeil.

Et maintenant ici c'est toi,
Et à présent, là-haut, c'est elle,

Qui couche ton ombre sans ailes,
En long et bleu sur le sol froid,

Et que tu haïsses ou aimes
Que tu sois triste, heureux ou las,

Te fait lors marcher sur toi-même
Au long du chemin où tu vas.

T'est-elle amie ou bien hostile,
Tu ne l'as su ni le sauras,

Car elle est loin comme les îles
Qu'aux mers bleues tu sus autrefois,

Et comme oasis, au désert
Des cieux, où il n'est méharis,

Pour vous mener si loin dans l'air
Qu'on y saurait les paradis

Or cruelle comme les femmes
Et d'amour qui aiment changer,

Après s'être dite de flammes
C'est elle qui s'en est allée,

Les ayant épuisées, les joies
Des clartés blondes resplendies,

Et au monde, et ainsi qu'en foi
Toute dorée avoir souri ;

Et lors s'étant donnée et luie,
Après silente, s'est enfuie.

Et maintenant, ici c'est toi
Encore, et en-haut, toujours elle,

Toi qui marches suivant ta voie,
Et elle aussi, mais dans le ciel,

Et comme il en est dans la vie,
C'est elle que tu as aimée,

Et que tu n'as pu oublier,
Parce qu'elle t'avait trahi.

CHEZ LES MARCHANDS D'ASIE

I

LES MARCHANDS

Ils sont revenus
Les marchands d'Asie,
— Faites les tapis
Vos plus belles fleurs,

Dans le vert qui rit,
Et le bleu qui pleure —
Ils sont revenus
Les marchands d'Asie,

Ils sont revenus,
Avec leurs soieries,
Les marchands d'Asie
Qu'on n'attendait plus.

Ils sont revenus
Des loins de la mer,
En leurs manteaux verts
Aux manches fendues,

Ils sont revenus
De Chine et de Perse
Faire leur commerce
En tout ingénu;

Ils sont revenus
Pour orner la vie,
De jaunes qui crient
Dans des roses crus,

Ils sont revenus
Les marchands d'Asie,
Avec leurs soieries
Et les ont vendues.

II

SHOSIKI

Choses qui rient, choses qui chantent,
Le poivre, le musc et la menthe,

Couffes de peau, coffres s'ouvrant,
Ils ont dit : vois, choisis et prends,

Voici blanche la nacre pure
Qu'après des jours longs d'aventures,

Sur la mer loin dans les rochers
Au soleil nous avons pêchée ;

Voici de nuit les laques noires,
Et les rouges de sang figé,

Et du saké si tu veux boire,
Et l'opium si tu sais rêver.

Ils ont dit : prends, choisis et vois,
Voici des bagues pour les doigts,

Celles de corne qui délient
Des charmes mauvais de la vie,

Ils ont dit : voici pour le sang,
Le camphre frais et le gen-seng,

Qui font si jeune la vieillesse
Qu'à l'amour elle peut sourire,

Puis si tu trouvais la sagesse
Voici des pinceaux pour l'écrire.

Or ils ont dit : Choisis encor,
Voici les noix dures du Nord,

Et puis aussi des grains de riz,
Et puis aussi un peu de sable,

Le grain aux vivants de profit
Et le sable aux morts secourable ;

Ils ont dit : voilà et voici,
Et puis après se sont assis,

Avec des saluts, des sourires,
Aux mots difficiles à dire,

Ils ont dit : voici et voilà
Et couffes, coffres, mis en tas,

Ils ont dit : adieu et merci,
Et puis après, ils sont partis.

III

LE BAR

C'est Monsieur Ying qui vend du thé,
Dans sa boutique au bout du quai,

Assis en robe couleur prune,
À son comptoir en bois de lune,

C'est Monsieur Ying qui vend du thé,
Et du gen-seng et du saké,

Avec la tresse au dos qu'il a
Parfumée d'huile au camélia.

Or sous son front, ses yeux obliques
Et rangées comme un clavier blanc,

C'est Monsieur Ying à la pratique,
Qui sourit, les montrant ses dents,

Tandis que ses doigts, ongles longs,
Plongent dans des coffrets de laque,

Où sont peints en or des dragons
Que des serpents enroulés traquent,

Pour en tirer Péko, Souchong,
Hang-Kai ou bien encor Hysong,

Selon que c'est thé vert ou noir
Qu'il agrée au client d'avoir.

Mais dans un long kimono bleu
Est là Madame Yiang, sa femme,

Avec du khol autour des yeux
Qui disent feu, qui jettent flammes,

Et c'est de soir, ceux des navires,
Qui viennent prendre place aux tables,

Boire Saké s'ils le désirent,
Ou bien, s'il leur est agréable,

Aimer, venue la fin du jour ;
Car lors dans la fraîcheur qui naît,

C'est Monsieur Ying, qui vend du thé
Et Madame Yiang, elle, l'amour.

IV

TAPIS

C'est un tapis persan
Et qui dit des fleurs mauves,
Dans des entrelacs blancs
En serpents qui se lovent,

Dans un jardin vert, où
Au milieu de faisans,
Sur les bords d'un torrent
Un paon tout doré roue.

Un pont de bois arqué
Passe au-dessus de l'eau,
Et de rouge laqué
Dressé sur ses pilots,

Où un pêcheur, aux mains,
Sa ligne de bambou,
Et croisés les genoux
Est assis comme un nain,

Et alors que dans l'eau
Passent des poissons jaunes,

C'est dans le ciel, là-haut,
On dirait comme un faune,

Avec un arc tendu
Et flèches au carquois,
Qui menace, bras nus,
On ne sait qui ou quoi.

Or une femme est là
En une longue robe,
Regardant loin là-bas,
Le jour qui se dérobe,

Et d'or, la lune et ronde,
Qui monte à l'horizon,
Où l'on voit un dragon
Pieds posés sur le monde ;

Et les tiens ont marché
Sur le faune et le nain,
Et tes yeux regardé
Et les fleurs, et la femme.

V

LE VASE

Musiques gaies de voix qui chantent,
Couleurs qui parlent comme humains,
Sur des émaux dorés et peints
Dits ainsi qu'une eau transparente,

Du rouge et du bleu se marient
Sur un vase clair de Hizé,
En vagues longues et courbées
Et dans du vert et qui reluit,

Et sous l'émail et qui se dit
En son vernis un peu bleuté,
Blanche est l'argile ainsi qu'un lait
Trait en été après la pluie.

Or Ming la lumière qui rit
Est venue aux anses dorées,
Comme à des oreilles amies,
Raconter tout ce qu'elle sait,

De Jeû-le-Soleil, Hûe-la-lune,
Et du monde comme il est fait,

Dans le jour clair ou la nuit brune
À soir chu ou matin qui naît,

Tandis que Loung le dragon sage
Qui sait que tout est vanité,
Compte par écailles, son âge,
Au fond de l'eau dans des rochers.

VI

FOU-KHIEN

Fou-Khien blanc, virginité,
De l'une et parfaite harmonie,

Du néant dans l'éternité
De Dieu même qui se délie,

Et se mirant dans la clarté
De l'émail de ses blancheurs luies,

Pour n'affirmer que dans le vrai
Ce qu'il sait du monde et la vie.

Fou-Khien blanc, illusion
De l'infini dans le concret,

Qui montre de Fo, les lions,
Et du temps qui va le rouet;

Fou-Khien blanc qui dit l'enfant
Qu'en ses bras porte Khouan-Ynne,

Et muet, tacite et silent,
Bouddha dans l'extase divine,

Puis un papillon qui se pose,
Femme à ses songes qui sourit,

Et singe qui tient une rose
Et la grugeant, après qui crie ;

Fou-Khien blanc, immaculé,
Et candide comme l'hermine,

Fou-Khien blanc, virginité,
Des porcelaines de la Chine.

VII

L'OR CLAIR

Or jaune est l'or pour être d'or,
Et l'homme humain pour être chair,
Et bleu le ciel et l'arbre vert
Comme jaune est, pour être d'or.

Et prends tes pinceaux toi qui peins,
Et mêle tes couleurs encor,
Le noir est nuit, le blanc n'est rien
Que toute la clarté qui dort.

Rouge est le sang pour être vin,
Au corps en lui qui boit la vie,
Mauve est la mort quand elle vient,
Et verte aux choses accomplies,

Et puis clartés, lumière luie,
Et blonde et douce ainsi qu'un miel,
Pour dire au monde le soleil,
Mets dans l'air partout des abeilles ;

Le noir est nuit, le blanc n'est rien
Que toute la clarté qui dort,
Et prends tes pinceaux toi qui peins,
Et mêle tes couleurs encor.

VIII

HOTÉI

Toi si tu crois à la fortune,
Regarde, voici Hotéi,
Assis sur son sac plein de riz
Et qui sourit comme à la lune,

Avec ses bras au ciel tendus,
Son front bombé tout plein de plis
Et dans sa robe bleue fendue,
Rond, comme un œuf, son ventre nu.

Or si tu aimes le hasard
Sur les tapis autour des roues,
Où, sur du rouge et sur du noir
Roulent des billes dans des trous,

Ou bien encor lors que tout bouge,
Matelot bu, dans d'autres soirs,
Jouer ta vie, à couteaux rouges
Pour des femmes et dans des bars,

Toi, si tu crois à la fortune,
Regarde : voici Hotéi,
Assis sur son sac plein de riz
Et qui sourit comme à la lune.

IX

LE COFFRET

Poissons qu'on pêche,
Amours qu'on rêve,
Dans des jours rêches
Faits d'heures brèves,

Boissons qu'on sait,
Désirs qu'on a,
Quand ce qui est
Ne répond pas,

À nos souhaits
De cœur et d'âme,
Comme on les fait
Hommes et femmes ;

Jardins d'automne
Alors en nous,
Et pleins de croix
Et qui détonnent,

Parmi les roses
À feuilles vertes,

Et comme écloses
En nous, ouvertes,

C'est de la vie
Que trop on sait,
Qu'on cherche paix
Qui en délie.

Mais alors fins
Que l'on poursuit,
C'est le moyen
Qui les dénie,

Car vie voulant
Non qu'on agisse,
Mais d'âme et sang
Qu'on la subisse,

Comme elle vient
Dans les matins
Et les soirs d'or
Où c'est alors,

Dans des jours rêches
Faits d'heures brèves,
Carquois sans flèches,
Amour qu'on rêve ;

Et tout ceci,
Comme il est dit
Par à peu près,
Était écrit

Sur un coffret.

X

GOTAMA

Il est minuit
Et c'est la nuit

Douce et sacrée
De la Gazelle ;

Sous le figuier
Gris sous le ciel,

C'est Gotama
Qui est assis,

Et Aminda
Auprès de lui ;

La lune est haute
Et dans l'air luit

Et à son hôte
Bouddha sourit.

Mais Aminda
Qui a un doute

Dit à Bouddha
Voici écoute,

Ce que le Maître
Rouge, hier a dit,

Hier sous les cèdres
À midi lui :

« Il n'est pas vrai
Qu'ici l'on meurt,

Et la mort n'est
En nous qu'un leurre,

On vit toujours,
Toujours on naît,

Et c'est l'Amour
Qui est le vrai. »

Et lors Bouddha
Lui, a souri,

À Aminda
Et puis a dit :

« Le Maître Rouge
Ne s'est trompé,

Tout ce qui bouge,
D'éternité

Vit l'infini
Dans le temps ; mais

C'est là, le vrai
Que j'ai pensé,

Moi, et c'est lui
Qui te l'a dit. »

XI

ANABASE

Et maintenant ici
C'est un fleuve en la brume,
Et un vapeur aussi
Au bord du quai qui fume,

Sa partance hissée
Et dite en bleu et blanc,
Dans le ciel vent levé
Qui mord comme des dents,

Et dans leurs longs manteaux
Comme des draperies,
C'est eux des pays chauds,
Eux, les marchands d'Asie,

Qui attendent l'instant
Du départ, le front nu,
Avec leur tresse au vent,
Ainsi qu'ils sont venus.

Mais maintenant voici
Et qu'amarres larguées,

Dans l'air gris et glacé
La sirène a vrombi,

Et qu'avec un bruit sourd,
L'hélice a commencé
À battre les flots lourds
Et s'éloignant du quai,

Que le vapeur bondit
Et dans la nuit s'élance,
Descendue la partance
Et les feux de bords luis.

Or lune dans le ciel
En la fumée qui monte,
Qui lui fait noires ailes
Sur la mer qu'elle affronte,

Et les flots haut qui crient
Sous la proue qui les taille,
Comme couteau rougi
Entré dans des entrailles

Ce sont eux, ceux d'Asie,
Sur le pont et qui songent,
En leurs robes sans plis
Sur leur dos qui s'allongent,

Aux gains et aux profits
Qu'ils ont réalisés,
Là-bas au port quitté
Dont le phare au loin luit,

Et le sourire aux dents,
Et bourses d'or remplies,
S'en vont vers leur pays
Sous la lune en croissant.

AEGRI SOMNIA

I

AGNUS DEI

C'est l'agneau de Dieu
Dans le pré du monde,
En sa toison blonde
Et roses les yeux,

Il sonne midi
Au paradis clair,
Et tout d'or est l'air
Et la mer aussi.

Or ailes en croix,
— (Ici c'est qu'on rêve)
Un ange s'élève
Tenant dans ses doigts,

Dans un vase bleu,
Ainsi qu'une flamme,
Lumineuse une âme
Puis advenu Dieu,

Musiques au ciel,
Des violons rient,
Et dans le soleil,
On voit Jésus-Christ.

II

Et puis voici qu'il sent
La menthe et la vanille,
Et que dans une ville
De Juifs et d'Orient,

C'est des rois que l'on voit
De face ou de profil,
Et du thé que l'on boit
Chez des gens à turban.

Et puis voici qu'il sent
Aussi la citronnelle,
Et venues des gazelles
Dans un jardin persan,

Que de roses se pâment
En embaumant tout l'air,
Et qu'au bord de la mer
C'est la danse des femmes ;

Et puis voici plus fort
Que tout sentant la myrrhe,

S'en vont ceux des navires,
Aux filles, dans le port,

Et que douce en sa paix,
C'est au ciel claire et ronde,
Dans la fraîcheur qui naît,
La lune d'août qui monte.

III

SOIERIES

Mais voici les soieries qui s'épousent
Sous tes doigts, et tout d'ornement,
Des lévriers sur des pelouses
Et dans un beau jardin persan,

Les femmes peintes qui saluent,
De leurs mains mises à leur front,
Le silence de ta venue
Dans le jour tu où tout se fond.

Or une est là en robe lie,
Et que tu sais depuis longtemps,
Occupée de fleurs qu'elle lie
Dans un bosquet de myrtes blancs,

Tandis qu'une autre, tout tendresse,
Cheveux épars comme un enfant,
De sa main baguée d'or caresse,
Une biche allaitant son faon,

Et puis encore une autre rit,
Qui se donne, elle, et se reprend,
Une autre est là, comme ta vie,
À soir venu, qui se détend.

IV

LE PUITS

Alors un puits,
C'est pour ta soif,
Et dans la nuit
Où tu attends;

Alors des femmes
Qui se décoiffent,
C'est dans ton âme
Qu'il fait grand vent.

Car c'est la chair
Qui te reprend,
Et douce-amère
Pour qu'on la boive,

Et dans ton cœur
Cherchant ton sang,
Les joies qui leurrent
Et qui déçoivent.

Alors un puits,
Bois pour ta soif,

Et dans la nuit
Où tu attends,

Monte au chemin
De sable blanc,
Jusqu'au matin
Où jour se fasse,

Pour tout là-bas
Sur des terrasses,
Voir la Damas
Bleue où tu tends.

V

L'EXODE

Mais dimanche de paradis,
Les âmes montent, les âmes montent,
Comme des bulles d'air du monde
Sous le soleil qui resplendit,

Et tout en bas, la terre ronde,
Et si haut la lumière luie,
Les âmes montent, les âmes montent,
Dans la clarté qui les délie

Or toutes choses accomplies
Dans l'éternité qui se fondent,
Les âmes montent, les âmes montent,
Présents et passés abolis.

Ailes ouvertes toutes grandes
Battant aux éthers infinis,
Certaines en leur foi ardente
De l'approche du bien promis,

Et pressées comme des brebis,
Les noires à côté des blondes,
Les âmes montent, les âmes montent,
Alors tous les péchés remis.

VI

L'HEURE PEINTE

Et puis voici que c'est la vie
Qui change encore de couleur,
Et qu'une femme est dans les fleurs,
Et toute nue, en Italie,

Avec à ses pieds son amie,
Comme un berger, cheveux coupés,
Et qu'alentour dans un verger
Sur des vases peints des dieux rient.

Or tout or et tout pierreries
Un paon ouvrant sa robe d'yeux
Voici dans l'air qu'il fait tout bleu
De montagnes loin endormies

Et qu'on voit haut dans les rochers
Sur des sentiers étroits qui montent,
Avec leur lance ou leur épée
Des soudards s'aller par le monde,

Et lors voici qu'un moine prie,
Que c'est le ciel qui a changé,
Et que sentant venir la pluie
Sur un pin un merle a chanté.

VII

CELLE QUI DANSE

Alors c'est Celle ici qui vient de Galilée,
Et de si loin là-bas dans le bleu des passés,

Avec sa robe d'or, ses cheveux dénoués,
Des bagues à ses mains, des anneaux à ses pieds,

Et dans le soir qui tombe, avec ses lèvres peintes,
Qui sourit, yeux au loin, dans la lumière allée,

Au palais qu'elle voit de rose qui se teinte,
Où devant Antipas, un jour elle a dansé

Or musique là-bas, dans le jour qui s'achève,
Et dans le temps qui va, monde où rien n'a changé,

Flambeaux qui s'allument avec des lueurs brèves,
Et repas qui s'apprête, et les sièges rangés,

Les voici revenus, les musiciens rouges,
La table du banquet sur l'estrade dressée,

Et dans les vases clairs, comme sang, vin qui bouge,
Et les plats, et les mets, sur des nattes posés.

Mais voici lors dans l'air, qu'il sent le cinnamome,
Et que c'est vous là-bas, encore qui dansez,

Apportant le désir qui saigne au cœur des hommes,
Avec vos yeux tout nuit par le khol allongés,

Et puis voici qu'il sent le nard, la myrrhe blanche,
Et qu'on dirait perles, la sueur de vos bras,

Et puis alors monté le parfum de vos hanches,
Que c'est lèvres fermées, comme Jean mort en moi.

VIII

CRUCIFIXION

Et maintenant une heure sonne,
Est-ce pour tous, est-ce pour toi ?

Dans une ville que l'on voit
Dorée dans l'air comme une automne ;

Et maintenant une heure sonne
Sur des remparts dressés tout droits,

Et chauve un mont monte là-bas
En sable blanc dans des viornes.

Mais à présent venus des hommes
Et des femmes, et des soldats.

Des menuisiers avec du bois
Et des juges en robes jaunes,

Alors on a planté des croix,
Est-ce pour tous, est-ce pour toi ?

Et le ciel soudain s'étant fait poix,
L'éclair luit et voici qu'il tonne.

Or six heures d'après-dîné
Et plein de mouches qui bourdonnent,

Expirant les crucifiés
Sur leur bois pieds et mains cloués,

Celui avec au flanc sa plaie,
Au front sa couronne d'épines,

Lève la tête et puis l'incline
Et dans un cri l'âme exhalée,

Meurt au monde tendant les bras.
Est-ce pour tous, est-ce pour toi ?

D'UN SOIR D'ÉTÉ

I

EN L'OMBRE

C'est le soir d'été dans ta chambre haute,
Où tu vois la mer au bout de la ville,

Ton jardin qui sent dans l'air comme une île
Et dont tout le jour le soleil fut l'hôte ;

C'est le soir d'été dans la chambre chaude,
Avant ton sommeil, avant ton coucher,

Et tristesse en toi, vieille comme Hérode,
De la nuit qui vient après Salomé.

Choses dont tu fus et qui se repèrent
En lignes d'ombres sur des fonds de feu,

Amour de ta vie dites en lumières,
Marchant à pieds nus sur des tapis bleus,

Tout ce qu'ont touché tes mains ou tes lèvres
Pour en être sûr et n'en point douter,

Passés et présents dont ton cœur s'enfièvre,
Tous tes jours vécus les voici rentrés.

Mais présence alors grave des visages,
Dans les cadres d'or au mur appendus,

Et qui te regardent de leurs yeux sages
Comme des Maries, comme des Jésus,

Dans l'ombre qui vient comme haleine chaude
Du jour qui s'en va dehors tout doré,

Les voici sourire ainsi qu'à un hôte
Venu à son heure tacite et muet,

Et qui serait toi dans la chambre haute
Comme un matelot qui s'en reviendrait

Des Chines fermées, là-bas de ta vie,
Loin dans leur silence, et tues désormais,

Parfums expirés, choses accomplies,
Et dont journée faite il te souviendrait.

Or heures en toi lors haut qui s'évoquent
À pavillons clairs dans l'air arborés,

Soirs de ports perdus, havres équivoques,
Sentant l'alcool bu sous des palmeraies,

Îles nues couchées, bleues sous des ciels roses,
Sur la mer comme des prostituées,

C'est ta chair en toi, dans la nuit qui cause
De jours de navire, où tu as aimé.

II

VESPRÉE

C'est le jour qui pleure
Et la nuit qui rit,
En l'ombre qui leurre
Sous la lune luie,

Mets-lui, à ton âme,
Une robe blanche,
C'est le soir qui pâme
Là-bas dans les branches

De hauts peupliers,
Qu'incline le vent
Et sur le sentier
Romarin qu'il sent.

Mets-lui, à ton âme,
Comme à des doigts doux,
Qui sont ceux des femmes,
Des bagues d'or roux,

Car voici l'automne,
Dans le soir qui vient,

Et dans ton jardin
Dite à feuilles jaunes.

Heure ici qui sonne
Et qui se fait grise
Dans l'ombre que donne
Le jour qui s'enlise,

Écoute ton cœur
Qui le bat son sang,
Et songe sans leurre
Au bien qui t'attend,

Pour aimer en foi,
Du ciel et des choses,
Dans la paix, les joies
Du silence écloses,

Étoiles qui viennent
Dites une à une,
Et dans l'air, païenne,
Isis qui est lune,

Et suivant les temps
Pleine qui lumine,
Ainsi qu'en gésine
Ou bien en croissant.

Mais lors nuit qui vient
Noire sur les choses,
Et dans ton jardin
Les fermer les roses,

Fais ton âme claire
Pour qu'ombre n'y vienne,
Et pour des fins siennes
Te faire heure amère,

C'est un jour qui meurt
Mais voix haut qui rit
Un oiseau que leurre
La lune qui luit,

Chante la nuit née,
Comme aube au soleil,
Ayant oublié
Qu'elle dit sommeil.

III

LES LYS

C'est rêve qui te vient
Dans les senteurs montées,
Des lys de ton jardin
De soir enamourés,

Qui chantent les parfums
Des heures périmées,
Dont tu connus l'embrun
Jadis aux mers d'été,

Où celle que tu sus
Alors dans tes passés,
L'émoi t'avait donné
De cœur et chair à nu,

Et puis ayant dansé
Dans les jours de ta vie,
Là-bas aux ports touchés
Sur des eaux resplendies,

S'en revient rédimée
Ici dans le soir las,

Et qui sent l'azalée
Comme ceux de là-bas.

C'est elle que tu sus
Au loin dans des nuits chaudes,
Quand marée advenue
Les disait ses eaux hautes,

Et qu'en l'air immobile
Lune pleine luisait,
Sur des tentes fragiles
Où des hommes dormaient ;

Et c'était en beauté
Elle, en l'heure qui pâme ;
Avérant, aube née,
La splendeur de la femme,

Et de nuit ses cheveux
Qui couvraient sa chair nue,
Et sous son front ses yeux
Qu'ombrait khôl étendu,

Puis sa poitrine blonde
Seins aux pointes dorées,
Comme des coupes rondes
S'offraient au vent levé.

Mais douceur de la vie
Lors de sincérité,
Où c'était là, chair luie
Qu'on aime d'amour vrai,

C'est ton cœur qui pâmait
En des heures élues,
Où candeur t'apportait
Paix des joies ingénues,

Et ton âme en sa foi
Montait ailes tendues,
Tel oiseau dans les nues
Sous les ciels d'or qu'on voit,

Et s'allait dans le vent
Chanter sur les brisants,
Amour qui, aux Thulés,
Se dit d'éternité.

IV

LES ÎLES

Je vous ai aimées
Fervent comme on prie,
Îles au loin luies
Que je n'ai touchées,

Qu'en le rêve fait
Dans les nuits qui causent,
Où c'étaient vous roses
Et que j'évoquais.

Je vous ai connues
Ainsi que les femmes
Et que l'on voit nues
Quand le cœur qui pâme

Dans les printemps doux
En l'ombre tombée,
Se plaît, un peu fou
À rêver beauté,

Et je vous ai sues
Ainsi dans le songe

Auquel on se plonge
Dans les nuits élues.

Je vous ai aimées,
Moi qui fus des voiles,
Dans des jours allés,
Suivant mon étoile,

Qui ne m'ont conduit
Qu'à des ports perdus,
Bien que soleil lui
Sur la mer émue,

Où se disaient terres
Odorant l'encens,
Monté dans le vent
Et sous le ciel vert,

Loin dans les rochers
Et couchée en long,
Ainsi qu'un lait blond,
Clarté des étés.

Mais si choses luies
Et de mon souhait,
M'étaient là amies
Amour n'en était.

En moi car c'est vous
Que j'avais aimées,
Îles douces où
Je ne suis allé,

Et port non touché
Sur la voie suivie,
J'ai su lors la peine
Et dans le regret,

Où comme en la vie
De celle qu'on aime
On garde désir
Jusque l'on expire.

V

LE ROMARIN

Il sent dans ton jardin la menthe,
Et jour allé, et temps qui vient,
C'est la vie morose en ses fins
Quand c'est de soir qu'on la commente ;

Il sent le buis et le benjoin,
Dans l'ombre noire, lourde et chaude,
Et front humide et yeux au loin
Tu vois le jour dont tu fus l'hôte,

Et dans la nuit déjà qui tombe
Alors plus noir étant le monde,
C'est ton cœur, lui, qui se tourmente
Songeant aux choses de ton bien.

Mais journée lors qui se repère
Un peu morose dans son cours,
En comptabilités amères
Dans le commun de tous les jours,

Journée encor qu'on a vécue,
Mal à propos, par à peu près,

D'un soir d'été

Au gré des heures advenues
Vides de ce que l'on a fait,

Tristesse en soi, chaleur qui monte,
Où comme en brûlant tout s'annule,
Idées, pensées, et bagues d'or
Disant moites, la canicule,

Lors soir en toi qui se commente
Parfums montés de ton jardin,
C'est dans ton cœur qui se tourmente
Qu'il sent plus fort le romarin.

VI

ATALANTE

Or lampes ici qui s'allument,
Encens du foin coupé qui fume,
    Dans l'air monté,

Nuit comme femme qui se presse
De dénouer longues ses tresses,
    À son coucher,

C'est étoiles qu'on voit chacune
Se préciser et, une à une
    Après trembler,

Dragon au zénith qui culmine,
Antarès au sud qui s'incline
    Et nuit d'été.

Mais lune alors sur le monde,
Qui vient en son temps pleine et ronde
    Tout d'or embue,

Puis hommes tus, les dieux qui causent,
Influx subi de tant de choses
    D'amour émues,

Ombre qui lie et qui délie,
Et, contrainte morte, la vie
    Qui se dit nue,

C'est vent qui passe au bord de l'eau
Et les incline les roseaux,
    Et l'air qui chante,

Et dans le bosquet de lilas,
Avec la couronne qu'elle a
    C'est Atalante,

Qui court une pomme à la main,
Toute blanche dans ton jardin
    Comme vivante.

VII

L'HEURE CLOSE

Mais dans ton jardin voici la servante
Qui s'en est allée chercher la fraîcheur,

Et la nuit qui vient dans l'odeur des plantes
Puis dite dans l'air comme une blancheur,

Lune pleine d'août dans le ciel qui monte,
Et blonde et dorée qui luit sur le monde,

Et journée faite, dans l'air immobile,
L'heure qu'on entend sonner sur la ville.

Mais lors paix qui vient issue du silence
Dans l'odeur des lys et des azalées,

Montée dans l'air pur et qui se fiance
Aux candeurs bleues du ciel enamouré,

Tout ce que l'on voit, tout ce que l'on touche,
Dit de certitude et de vérité,

C'est pour l'âme, comme est pain pour la bouche,
Et la vie ainsi et mieux acceptée.

Or cœur lors en toi qui trouve le calme,
Et comme au bercail ses désirs rentrés,

Peut-être un peu grave en sa douceur alme,
C'est ainsi parfois que te vient la paix,

De soir ou matin ainsi qu'ils s'avèrent
Et selon le jour ou bien suivant l'heure,

Et dans ton âme comme dans ta chair,
Dite en toi sans plus, mais alors sans leurre.

Mais repos ainsi, que l'on sent touché
En soi, dans un peu moins de lassitude,

Cœur, et dans son for, lui qui s'y complaît
De l'avoir enfin trouvée quiétude,

C'est en l'ambiance des jours passés,
Bleus ou rouges rêves, et qui reviennent,

Des lointains en nous, comme illuminés
Des soleils dorés des amours anciennes,

Anges lors en ailes au vent tendues,
Passant en robes mauves, bleues ou vertes,

Et femmes aussi, mais la chair à nu,
Ou de leurs cheveux dénoués couvertes,

Puis senteurs dans l'air de myrrhe et d'encens,
Cœur comme il l'a su qui le bat son sang,

C'est alors Égypte ou bien Galilée,
Et elle qui danse, elle, Salomé.

VIII

DAMAS

Et maintenant voici que c'est la nuit qui monte,
Que le sable n'est plus, et repliées les tentes,

Que sur des gazons verts marchent les méharis,
Dans le soir de sang rouge en l'air qui resplendit,

Sur des collines bleues au loin qu'on voit dans l'or,
Du jour allé silent et muet qui s'endort,

Et qu'en le ciel passent, les ailes étendues,
Oiseaux qui vont chercher le repos attendu.

Et maintenant voici qu'en l'air des fumées montent
En colonnes torses, dans la nuit qui s'avère,

Odorant et la myrrhe, et l'encens, et la menthe,
Et loin aux palmeraies, la senteur du fruit vert,

Tandis que l'on entend ainsi que des voix lentes,
Et confuses, perdues, dans le vent doux qui chantent,

Et dire vie dans l'ombre où c'est l'heure qui vient
Là-bas à l'horizon comme teint de carmin.

Or une ville est là, sur des remparts dressée,
Blanche comme l'ivoire ou la neige tombée

Et verte de jardins où sont des lauriers roses
Embaumant dans la nuit, et toits d'or qui reposent,

Sur des murs à panneaux et tout de fleurs ornés,
Où sont peintes des femmes, cheveux dénoués,

Allongées en leur grâce, dite de chair nue,
Et qui sourient aux dieux de leurs ciels descendus

Pour venir retrouver en bas, aux amours luies,
Joie qui est aux hommes par le sang consentie.

Mais paons lors sur le tard et que l'on voit rouant,
Faisans qui s'attardent à voler dans le vent

Et lune, elle, en croissant, au milieu des étoiles,
Qui vient comme une nef ayant perdu ses voiles,

C'est la ville qui dort après jour de soleil,
Blanche dans la nuit claire où des lumières veillent,

Aux coupoles rondes et dorées des mosquées,
Qui s'avèrent dans l'air comme des seins dorés,

Et c'est toi lors ici, croyant atteint ton rêve,
Et la voulant Thulé, qui la touche Damas,

Et c'est d'erreur ainsi que ces pages s'achèvent,
Comme il fut de ta vie et aussi de ta foi.

Aegri Somnia

Mon fils, mange le miel, car il est bon; et le rayon de miel, car il est doux à ton palais.

Proverbes XXIV, 13.

PRÉFACE

Ce sont des fruits ici
Cueillis aux nuits d'hiver,
Quand on n'a pas dormi
Mais rêvé yeux ouverts ;

Ce sont des fruits mûris
Aux rayons de la lune,
Et dont la chair est brune
Comme miel qui s'aigrit.

Ce sont choses ici,
Et dites telles quelles,
Comme oiseau en ses ailes
Ou ange en paradis,

Palais, jardins persans,
Gazelles et houris,
Lauriers, geais et paons blancs
Ou matins qui sourient,

Et des nefs sur les eaux,
Et palmiers au désert,

Et des vases, des pots,
Peints en bleu ou en vert.

Puis c'est ton cœur aussi
Parfois qui s'est ouvert,
Et dans la chair qui rit
A trouvé des jours clairs.

Et ton âme si loin
Souvent qui s'est enfuie,
Que tu cherchais en vain
À la réincarner

Et puis aussi des îles
Où tu n'es pas allé,
Mais, qu'au songe docile
Pourtant tu as touchées.

EN LA VIE

I

LIMINAIRE

C'est ton livre qui s'ouvre ici
Dans un jour mauve, jaune et gris,

Ainsi qu'une maison de thé
Où dès matin, l'on s'en va boire,

Souchong, Hyson, Péko, Hangkai,
Qui sont thés verts et sont thés noirs ;

C'est ton livre qui s'ouvre ici
Aux Chines fermées de ta vie,

En les jours que tu as vécus
Comme on les a, comme on l'a pu,

Aux heures ainsi qu'elles viennent
D'heur, de clarté, d'ombre ou de peines.

Or ce sont ici paradis
Ou bien encore enfers et flammes,

Et puis plus simplement aussi
Joies ou douleurs d'hommes et femmes,

Et celles qui furent en toi
D'hiver ou d'été tant de fois,

Et s'avérèrent tout d'émois
Ou bien noires, te dirent croix.

Mais la chair aussi t'a parlé
Et ton cœur alors l'a vécue,

En l'amour, tel soleil monté,
Qui luisait dans ton âme nue,

Et tu as su bouches et lèvres,
En leur émoi doux, dans tes fièvres,

Et puis connu la peine après
Dans les chagrins, dans les regrets.

Or, plus haut lors tu es monté
Cherchant foi, en prenant des ailes,

Et d'âme et cœur t'en es allé
Aux éthers ultimes du ciel,

Trouver dans le songe clarté
Luie en sa candeur éternelle,

Et ton livre s'ouvrant ici
C'est choses qu'on sait dans les rêves.

De douleur ou bien de merci
Et dans le sommeil qui s'achèvent.

II

MATIN

Il fait matin dans la lumière,
Un agneau paît ainsi qu'en toi,
Et voici ta chanson première
Où c'est ton cœur et qui prend foi ;

Et c'est la chanson de ton âme
Dans le silence de ta chair
De cieux plus hauts qui se réclame
Que ceux qu'elle a touchés naguère.

Or jour alors et qui s'avère
Tout de clarté dans ton émoi,
Il fait matin ainsi qu'en toi
Et voici ta chanson première,

Et c'est celle ici de ton âme,
Ainsi qu'elle est par les temps clairs,
Lorsque plus haut chantent les femmes
Et qu'on voit plus loin sur la mer,

Et celle alors d'un peu de foi,
Qu'au fond du cœur tu as gardée,
Pour un jour qui viendrait de joie
Après ceux où tu as pleuré.

III

LE SEUIL

Il faut prier, disait ton âme,
Il faut aimer, disait ta chair,

S'il est des dieux, il est des femmes,
Répondait ta raison amère,

Et ton cœur, lui, qui était sage
Souriait, sachant que d'amour,

Il n'est pour l'homme de veuvage
Dans la vie, de nuit ou de jour.

Nous savons pleurs, disaient tes yeux,
Je veux baisers, disait ta bouche,

Et ton cœur savait sous les cieux,
Qu'il est bonheur et bien qu'on touche,

En celles douces qu'on élit,
En foi sûre en leur printemps vert,

Qui nous ouvrent le paradis
Dès la vie, et dans la lumière,

En la paix ainsi consentie
De l'heure ou de l'instant qui vient

Pour que l'on y boive la vie
À coupe pleine, comme un vin.

Raison alors et qui s'est tue,
Yeux de la beauté qu'ils ont vue,

Et chair, lors aussi apaisée,
Et cœur lui dans sa vérité,

C'est ton âme ici désormais
Les ayant suivis qui s'incline,

Et s'endort d'extases divines,
En attendant l'éternité.

IV

L'AMIE

C'est celle qui viendrait
Que tu as attendue,
C'est celle qui serait
Sœur à ton âme nue,

Comme toi qui croirait
Au ciel ou à la vie,
Et puis, si tu pleurais,
Aurait chagrin aussi.

C'est celle sans secret,
Blanche comme une hostie,
Que tu communierais
D'une grande amour luie,

En la foi qui prend ailes
Quand on s'est tout donné,
Et que douceur en elle
C'est le bonheur qui naît,

Et lors les doutes tus
Ou dans l'ombre rentrés,

Et dans la vie vécue
De lumière et clarté,

C'est celle qui viendrait
Et que tu as rêvée,
Telle et pour trouver paix,
Aux jours que tu aurais.

Or celle qui viendrait
Que tu as attendue,
Celle de ton souhait
Qui n'y a répondu,

C'est celle d'amour vrai
Que tu avais élue,
Et malgré jours allés,
Las ! qui n'est pas venue.

V

UN CŒUR

Un cœur de femme
    Chante,
Et c'est ton âme
    Lente

À la comprendre
    Voix,
Qui te dit tendre
    Foi ;

Car tu n'es pas
    Dieu,
Et il n'y a
    Cieux

Bleus dans ta vie
    Luis,
Mais dits de pluie
    Gris ;

Et tu n'es en
    Somme,

De chair et sang,
    Qu'homme,

Et qui le sais
    Trop
Que ton cœur est
    Clos.

Un cœur de femme
    Dit
Que dans son âme
    Luit

Pour toi amour
    Cher,
Ainsi qu'un jour
    Clair ;

Et c'est ton cœur
    Nu,
Qui s'est, sans leurre,
    Tu,

Car il l'avait
    Su
Ce qu'elle était
    Chair.

VI

LA JOIE

Joie que l'on prend parfois en soi,
Dans l'instant en une heure amie,
Et sans que l'on sache pourquoi
Elle est venue, et vous sourit,

Si douce elle est, qu'on croit qu'on aime,
Et si claire que l'on voit Dieu,
Et que l'on se mire en soi-même,
Pour mieux savoir qu'on est heureux.

Paix qu'on prend, rare en sa somme,
Qui lors chante en l'âme éperdue,
Et qui vous conduit loin des hommes
Au monde, tel un enfant nu,

Comme si l'on n'avait vécu,
Ou qu'on était l'agneau sans tache,
Qui paît son pré, sans vouloir plus,
Que l'herbe tendre, verte et drue.

Si loin alors tout le savoir,
Tout ce qui leurre et qui attache,

Et que les yeux sont las de voir
Et qu'en son cœur on tait ou cache ;

Âme de tout qui se délie,
Et monte si haut, prenant ailes,
Qu'on ne sait plus si c'est au ciel
Ou bien au monde qu'on a vie,

Soleil alors en toutes choses,
Même en ce que l'on a haï,
Tout qui s'endort et qui repose
Dans une paix douce infinie,

Il fait si clair qu'on croit qu'on aime
On est si haut, qu'on le bénit,
Le monde en bas, où c'est quand même
Qu'on les eut les jours de sa vie.

VII

LES ANGES

Les anges ont des ailes
Pour monter dans le ciel,

Et nous n'avons qu'une âme
Faite pour l'espérer,

Lorsque désir enflamme
Nos cœurs d'éternité ;

Et de nous, il en est
Comme il fut de Moïse,

Qui n'a que de loin, vraies,
Sur les terres promises.

Les anges ont des ailes
Et Dieu qui les regarde

Sait que c'est foi que cèlent
Leurs hautes envolées,

Pour toucher la lumière
Aux éthers bleus qui ardent,

Où dans des cercles d'or
Comme bague à des mains,

Est l'agneau blanc qui dort
Sur le livre divin.

Or c'est nous lors en bas,
Sans en avoir la cause,

Et perdus dans les choses
Du monde et tous en tas,

Qui rêvons vie plus haut,
Pour y trouver la grâce,

Et la voudrions tôt,
Avant que la mort passe.

Puis dans les jours qui vont,
Et dans les jours qui viennent,

C'est nous, et sans raisons,
En qui peine est ancienne,

Qui attendons que joies
Apaisent nos rancœurs,

Pour le porter en soi
Sans s'en lasser son cœur,

Dans la paix douce ou foi
Que nous serait le ciel ;

Les anges qui ont ailes
Y montent, eux, tout droit.

VIII

VOIX

Nos cœurs chantent, écoutez-les,
Elles sont roses leurs musiques,
Elles sont douces comme un lait,
Et dans leur émoi harmoniques,

On dirait registre tiré,
Aux orgues, des voix angéliques,
Ou bien, comme en les jours d'été,
Des roseaux, au vent, la supplique.

Écoutez-les nos cœurs chanter,
Ce qu'ils disent n'est lettre morte,
Car c'est leur sang qui bat la porte
Du doux désir en eux monté,

Et dans un verbe qui s'affole
N'ayant que sons pour s'exprimer,
Ce sont des chansons sans paroles
Qui disent en eux l'amour vrai.

Écoutez-les, car c'est la foi,
En sa candeur ainsi qui cause,

Écoutez-les, car c'est la joie
Qui met l'aube dans le ciel rose,

Matin des cœurs, qui est jeunesse,
Et ainsi qu'arbres, vert d'espoir,
Et qui s'en va vers la tendresse
Comme aux étangs oiseaux vont boire.

Écoutez-les, alors qu'ils chantent,
Car comme le temps peut changer,
Choses de la vie les démentent
Parfois, et lors leur chant se tait,

Et yeux, les remplaçant les bouches,
Voix qui se fondent dans des pleurs,
C'est de soir, soleil qui se couche,
Et de nuit venue la douleur.

IX

LES JUMELLES

Il y a la Foi qui est blanche,
Ainsi qu'un enfant dans ses langes,

Il y a la Joie qui est bleue,
Comme d'été l'azur des cieux ;

Et dans le désir qu'on a d'elles,
On ne sait celle que l'on veut,

Car c'est l'une qui donne l'autre
Pour des fins qui sont éternelles,

Et l'une du ciel est l'apôtre,
Et l'autre nous donne des ailes.

Musique en elles d'harmonie,
C'est comme d'un chœur à deux voix,

Qui se résolvent et se marient,
L'une plus haut, l'autre plus bas.

Mais dans un même chant qui monte
Soit dans le cœur ou soit dans l'âme,

Comme il en est d'amour au monde,
Qui est de rêve ou bien de flammes.

Or vie, que chacun cherche heureuse,
Aux jours que l'on a sous les cieux,

En heures luies ou amoureuses,
Elle est, en elles, toutes deux,

Et que ce soit désir du ciel,
Qu'on appète suivant son vœu,

Ou dans l'amour, où cœur prend ailes,
Sa chair apaiser que l'on veut,

Foi tue le doute et fait clarté
En la compréhension de Dieu,

Et Joie donne le bonheur vrai,
Et dit l'amour clair comme cieux.

X

LE SOIR

Ton cœur s'est tu dans le couchant,
En ton jardin où sont les roses,

Et comme doux passait le vent
Sur le monde mauve et les choses,

C'était l'automne au ciel, en toi,
En son temps qui était venu

T'apporter, morne en son émoi,
Le songe gris et mal élu.

Or nuit déjà et s'avérant
Dans la lumière défaillie,

Qui s'attardait, comme en mourant,
Au faîte des murs en saillie,

Les arbres roux montaient dans l'air
Leurs feuillages déjà ternis,

Les iris bleus sur l'étang vert
S'inclinaient las et défleuris,

Et l'on eût dit que pleuraient d'or
Les branches dans l'air suspendues,

En l'ombre qu'éclairait encor,
Le reflet du jour descendu.

Mais toi alors, et qui aimais
Encore et si tard en ta vie,

C'est de jadis ton printemps frais,
Et d'autrefois qui t'ont souri,

Et bleue, en l'ombre, Elle est venue,
Changée, et comme toi vieillie,

Celle que tu avais élue,
Croyant que c'était pour la vie,

Et qui s'est en allée dormir
Un jour, sans toi, d'éternité ;

Or toi alors va-t'en mourir
Au sommeil d'une fin d'été.

CHOSES

I

VASES

Ce sont des vases bleus,
Ce sont des vases blancs,
Qui incarnent les cieux
Ou chantent le Néant,

Les uns, blancs comme épeautre,
Dits de virginité,
Et comme azur, les autres,
Qu'ont les jours clairs d'été.

Ce sont des vases bleus,
Ce sont des vases blancs,
Qui luisent comme yeux
Ou lune au firmament,

Et que des roses peintes
Sur leurs cols allongés,
Comme robes de saintes
Ornent de fleurs dorées,

Et comme lait qu'on trait
D'automne après la pluie,

Suivant le vent qu'il fait
Dont la couleur varie.

Harmonie de leur galbe
Qui chante leur beauté,
Dite de candeur albe
Ou d'ondes azurées,

Anses, comme des cous
De cygnes, repliées
À leur col qui se nouent
En leur grâce courbée,

C'est leur chair et d'émail
Et blanche comme lait,
Claire comme un vitrail,
Sous les soleils d'été.

Or amours lors des choses,
Vraies plus qu'amours humaines,
C'est la Clarté sereine
Montée dans l'heure rose,

Qui vient et va vers eux,
Ainsi que fait la femme,
Dans l'émoi qui la pâme
Quand elle aime le mieux,

En leur émail mirer
Sa foi, comme en des yeux,
Et son baiser doré
Leur donner radieux.

II

BOUDDHA

Toi, si tu crois,
Voici Bouddha,

Il est dit d'or,
Porte sa foi,

Et puis encor
Au front l'Ouma,

Et qui est l'œil
De sa sagesse,

Tant dans le deuil,
Qu'en l'allégresse ;

Toi, si tu crois,
Vois-les ses mains ;

Qui disent voie
En deux chemins,

L'une du doigt,
Montrant le ciel,

Et l'autre, en bas,
Nuit éternelle.

Un lotus d'or
Est sous ses pieds,

Qui dit la mort
Momentanée,

Et puis fleuri
Aussi réveil,

Comme après nuit
Vient le soleil,

Et lors après
Des millénaires,

Le but et clair
Enfin touché.

Or au salon
Rouge qu'il orne,

Dans un jour long
D'hiver et morne,

Bouddha sourit
Ainsi qu'au monde,

Aux cheveux gris,
À la chair ronde

De son hôtesse
En le moment ;

Car il n'est laisse
Pour lui du temps,

Et qui n'est vrai
Que pour mémoire,

Lorsqu'on sait voir
Le Néant fait

    D'éternité.

III

SOIERIES

Un paon dans un jardin persan,
Un paon roue, et des femmes rient,

De le voir, comme un soleil blanc,
Dans l'herbe faire clarté luie,

Les unes sises sur un banc
En leurs voiles couleur de pluie,

Et les autres, cheveux au vent,
En robes disant le safran.

Une rivière est là dont l'eau
Semble, on dirait, ainsi que rose,

Un pont la traverse, falot,
Sur des pilotis, qui repose,

Et le ciel rit ainsi qu'un faune
On ne sait pas de quoi, de qui,

Avec de grandes taches jaunes
Comme des pelures de fruit.

Or plus loin, sur une terrasse,
Des Seigneurs verts prennent le thé

De dos, de profil ou de face,
Et boivent avec gravité,

Tandis qu'avec des chasse-mouches,
À cause du mois de l'année,

Des servants tuent araignes louches,
Venues sur les bols se poser.

Mais douceur alors des soieries
Qu'épousent les doigts les touchant,

Ainsi qu'une chair, et sorties
Des clairs ateliers d'Ispahan,

Ce sont musiques pour les yeux,
Et velours aussi pour les doigts,

Et Perse dite sous les cieux,
Par un paon blanc comme la foi.

IV

DELFT BLEU

C'est un plat de Delft
De peur d'aventure,
C'est un plat de Delft
Accroché au mur,

Et qui chante en bleu
Pour dire la pluie,
Et qui chante en blanc
Pour dire le vent.

Dans un paysage
D'eaux et de rivières,
Où sont en voyage
Des nefs vers la mer,

Il y a un pont
Sur ses pilotis,
Et, dits comme ils sont,
Des roseaux aussi,

Tandis qu'un chasseur
Assis dans sa tonne,

Attend, venue l'heure
Du canard d'automne ;

Et moulins tournant
Et suivant leur vie,
Pour faire du pain
Qu'on achète ou vend,

Il y a la pluie,
Il y a le vent,
Et qui se marient
Dits en bleu et blanc.

V

L'ÉCRAN

Ainsi que font les femmes
Les couleurs, elles, causent,
Et le rouge, et le rose
Parlent de feu et flammes,

Dans les cœurs en amour,
Ou bien peints sur des vases,
Et dans les ciels d'extase
Quand le soir meurt le jour,

Musiques qu'elles savent
Pour les chanter en elles,
Aux harmonies suaves
De leurs voix qui se mêlent,

C'est le bleu qui dit ciel
Dans l'air des paysages,
Et le jaune, le miel,
Ou clarté sans nuages,

Et le mauve, les fins
Que dans la vie on touche,

Et carmin, aux matins,
Les lèvres qu'ont les bouches,

Or sur un écran bleu
Persan, et qui repose
Chez toi, devant le feu
Qui l'éclaire morose,

Est un soleil doré,
Et des perroquets verts,
Avec de grands yeux clairs
Dans du cristal taillés,

Et des pivoines rouges
Sur un fond brun d'automne,
Mêlés à des carouges,
Enlaçant une tonne

De laque, où un hibou
Semble attendre pour boire,
Yeux fermés au jour doux
Que tombe enfin le soir,

Et c'est le vert qui rit,
Et c'est le bleu qui pleure,
Et le jaune qui luit
Suivant l'instant ou l'heure.

VI

FAMILLE ROSE

Il fait matin rose et carmin
Dans une Chine de jardins,

Des femmes, de profil et face,
Prennent du thé sur des terrasses ;

Il est midi, il est une heure,
Une pivoine a fait ses fleurs,

Et sous un dais par des rosaces
Du jour, du vent et du temps passent.

Mais délice ! au bord de la mer
Deux sœurs elles, en robes claires,

Avec leurs vites mains alertes
Sans fin, du bout de leurs raquettes,

Lancent, comme éternellement,
Dans l'air peint en bleu leur volant,

Tandis que non loin des rainettes
Yeux luisants, font musique verte.

Or chaque chose ayant son temps
Volant chu et soleil couchant,

Puis le monde devenue rose
Disant paix pour qu'on se repose,

Lors une est là, et qui sourit
Comme tu faisais à la vie,

Et l'autre à rêver se détend,
Comme aussi il t'a plu souvent.

VII

PANTOUM

Dans le jardin clair
Au bord de la mer,

Buvons-le le thé
Jaune de Hang-Kai,

Il sent la verveine
Et la lune est pleine,

Dans le jardin vert
Au bord de la mer.

Buvons-le le thé
Jaune de Hang-Kai,

Sous la lune pure,
Cherchant aventure,

Les princesses bleues
Peignent leurs cheveux,

Les princesses bleues
Mettent leurs ceintures.

Il sent la verveine
Et la lune est pleine,

Opium en pot,
Rêve à matelots,

Les princesses nues
À présent saluent,

Et disent adieu
En fermant les yeux.

Dans le jardin clair
Au bord de la mer,

Buvons-le le thé
Jaune de Hang-Kai,

Il sent la verveine
Et la lune est pleine,

Dans le jardin vert
Au bord de la mer.

VIII

MUSIQUES

Il est musique de roseaux
Quand le soir, le vent les incline,

Qui chantent lors ainsi qu'oiseaux,
Dans l'air comme des sonatines,

Et qu'écoutent en robes vertes
Avec leurs yeux ouverts en rond,

Couchées aux berges, les rainettes,
Dans l'ombre mauve où tout se fond.

Nuit lors qui naît couvrant le monde,
De son manteau noir étendu,

Lune, elle après, et pleine, et ronde,
Qui met dans l'air de l'or à nu,

C'est sommeil qui les tait les hommes,
Mais les choses qui prennent vie,

Dans des heures et qui embaument
Paix faite toute d'harmonie.

Or choses lors qui trouvent verbes
Pour dire leurs émois profonds,

Amour silent des fleurs, des herbes,
Qui parle en le parfum qu'il sent,

Lys, et de blancheurs qui dissertent,
Iris mauves qui se détendent,

Rosiers dans leurs ardeurs secrètes,
Rêvant, eux, aux fleurs qu'ils attendent ;

Voix des choses qui est tacite,
Comme de la musique écrite,

Mais chante pourtant de son mieux
Et que l'on écoute des yeux,

C'est dans la nuit, musique verte,
Qu'on entend ainsi qui concerte.

IX

LE CERCUEIL

C'est un cercueil,
Est-ce pour toi?

Ton cœur en deuil
N'y aurait froid

Plus qu'en les jours
Que tu as sus ;

Tu y serais
Chez toi toujours,

Et chair à nu
Comme en amour,

Et puis après
De tant de choses,

L'oubli viendrait
Aux printemps roses,

Comme aux étés
Dits de soleil,

Sans que tu aies
À les compter,

Car tu serais
Dans le sommeil.

C'est un cercueil
On va pleurer

Et prendre deuil
Et puis prier,

Et cependant
La mort est douce,

Car dans le temps
Elle est l'épouse

Qui, elle, n'a
Jamais trompé,

Gardant sa foi
D'éternité,

Et qui ne connaît
Le veuvage ;

Mais c'est assez,
Tourne la page.

NAVIGATIONS

I

DÉPART

C'est la mer d'été,
Elle est toute bleue,
Fais-les tes adieux,
Musiques jouées,

Aux choses d'ici
Dont tu t'es lassé,
Loin des paradis,
Trop dans tes péchés

Heure du départ,
Heure de vaillance,
Heure qui répare
Toute défaillance,

Tacite et sans cris,
Amarres larguées,
Ton âme est partie
Ainsi qu'envolée,

Et lors oublieux
De tes jours passés,

Ton cœur dans l'adieu
Comme soulagé,

Sur la mer allée
Claire sous les cieux,
Tu l'as vu monter
Soleil jusqu'à Dieu.

Or finie ta peine
Ou du moins pansée,
Vent qui s'est levé
Chantant à voix pleine,

C'est la mer d'été,
La mer une et toute,
Ainsi qu'une route
Vers l'éternité.

C'est la mer d'été,
Elle est toute bleue,
Avec au milieu
Un trois-mâts-carré.

II

LES ÎLES

Des îles rêvent violettes
Là-bas, au bout du monde bleu,
Où s'en vont penchées les goélettes
À voiles blanches sous les cieux,

Vers les ports perdus qui s'avèrent
Dans des senteurs de chair pâmée,
En les coraux sous la lumière
Et vertes loin, des palmeraies.

Cases montant leurs toits de paille
Sous la pluie dorée du soleil,
Tripang, copra, nacres, écaille,
Choses de trafic et vermeilles

Que l'on achète et que l'on vend
De soir, après les heures chaudes,
Devant la mer et qui descend
Comme du sang le long des côtes,

Et brise alors parfois qui passe
Éventant le ciel endormi,

C'est en gloire de clartés lasses
Le jour qui se meurt resplendi.

Mais nuit lors, qui fait vie muette,
Là-bas, même autour des brisants,
Lune qui monte pleine et nette
Dans l'air de parfums odorant,

Heure au monde si loin qui passe
Que plus il n'importe du temps,
Et que c'est passés qui s'effacent
En l'oubli même du présent ;

Ce sont des îles violettes,
Là-bas, au bout des mers d'été,
Ce sont des îles violettes
Qui rêvent là d'éternité.

III

LE VENT

C'est le vent, comme femme,
Dans l'air qui est changeant,
Et parfois haut qui brame
Ou monte en un plain-chant,

Et puis d'autrefois crie
Comme si ciel blessé,
Souffrait des mâts allés
Déchirer sa vie bleue,

C'est le vent comme une âme
De tout qui se délie,
À voix haute qui clame
Sa peine ou son oubli,

Et s'en va par le monde
De soleil ou de pluie,
Sur les mers bleues, où rondes,
Les voiles se déplient.

Or du sud ou du nord
Soufflant brise et grand-largue,

Dans l'air vif lors qui mord
À l'arrière des barques,

Bien qu'en prennent marins,
En leurs jours de navires,
Pour s'aller, barre aux mains,
Vers les ports qu'ils désirent,

C'est le vent qui conduit
Ainsi qu'un dieu ses chars,
Et de jour et de nuit,
Et parfois au hasard,

Les nefs ainsi qu'oiseaux
Qui ont aussi des ailes,
Mais gardent corps en l'eau
Et volent sous le ciel.

IV

DIMANCHE ANGLAIS

Il fait dimanche,
Il fait dimanche,
Sur le canal bleu de la Manche,
Et vent levé
Soufflant grand-frais,

Un brick anglais
Court au plus près,
Bâbord amures, voiles blanches,
Dans le dimanche,
Dimanche anglais.

Or soleil clair
Et choses nettes,
Côtes qu'on voit montées dans l'air,
Et sur l'eau verte
Dire la terre,

Falaises, plus loin
Qui s'achèvent
Dans du gris-bleu, comme en les rêves
Faits après vin
Bu sur le tard,

Lors nuées blanches
Et qui s'affaissent,
On dirait d'anges pris d'ivresse,
À Dungeness
Autour du phare.

V

HEURE

Tu as su autrefois
L'heure des ports touchés,
Dans des jours clairs d'été
Aux îles de ta foi,

Où loin sur des rochers
Tu t'étais étendu,
Bras et poitrine nus
Et sur le dos couché,

Tandis que des palmiers
Disaient leur ombre verte,
Et femmes à paniers
Passaient la chair ouverte,

Sur la route plus loin
D'une ville de paille,
Où tournait un moulin
Sur un banc de corail.

Tu as su autrefois
Dans des jours tout dorés,

Où séchait le copra
Ses écales brisées,

Le parfum des moussons
Par la mer apporté,
Qui passait sur ton front
Doux ainsi qu'un baiser,

Et paix était en toi
Même dans tes pensées,
Comme sommeil qu'on a
Après le jour passé.

Or tu l'as sue la joie
De l'oubli qui chantait,
Et sans souhait en toi
Dans l'heure qui passait,

Et lors tu t'es mêlé
Au ciel ainsi qu'aux choses,
Et l'as connue, aimée,
Vie là, qui était rose.

VI

LES BAIGNEUSES

Cernées de bleu, cernées de rose
Comme Gauguin dans l'air les pose,

— Matelot, est-ce pour aimer
Si loin qu'il nous faudrait aller ? —

Immobiles comme les choses,
Et dites dans le soir qui vient,

Des femmes, sur une île causent,
Graves et nues, après le bain.

Brunes de chair dans l'air doré,
Yeux, sous le front, de nuit ombrés,

Mains, sur le sable à plat posées,
Hanches saillies, buste dressé,

— Matelot, est-ce pour aimer
Si loin qu'il nous faudrait aller ? —

Des femmes causent, violettes,
Au dos leurs cheveux dénoués,

Dans le soir rose, chair ouverte,
Comme des fleurs qu'on voit pâmer.

Silence du monde et des choses,
Odeur de fruits dans l'air montée,

Grâces en elles que rehausse
Leur chair dite en sa nudité,

Soir de récifs, de palmeraies,
Là-bas si loin, aux mers d'été,

Corps qui se ploient, bras qui se lient,
Dans leur souplesse à nuit qui naît,

Matelot, est-ce pour la vie,
Là-bas qu'il nous faudrait aimer ?

VII

HOKODATÉ

Dans le vent qui fleure
La renoncule âcre,
Sur la mer des Nacres
C'est la lune en fleur,

Et, comme un oiseau,
Les ailes ouvertes,
Une jonque verte,
Glisse sur les flots.

Au port qui l'attend
Chantent des lumières,
Et dans la nuit claire
Des voix qu'on entend,

Disant le quai proche,
Là-bas dans les roches,
Tandis qu'un feu blanc
Luit sur les brisants ;

Et dans un sampang
Debout une femme,

En la nuit qui pâme
Est là qui attend,

Yeux au loin tendus,
Cheveux dénoués,
Dans le vent monté
Baisant ses bras nus.

Or d'un cri strident
Dans l'air qui fait brèche,
Comme il est des flèches
Quand arc se détend,

Ancre qui prend fond,
Port alors touché,
C'est tout qui se fond
Dans la nuit ambrée,

Et l'amour qui vient
Comme mer montée,
Et lune en son plein
Sur Hokodaté.

VIII

L'AUBE

Aube, qui êtes femme
Blanche, pour les marins,
Dont un peu folle est l'âme
D'avoir bu vin trop loin,

Là-bas aux mers perdues
Et d'îles qui se moirent,
Où c'est la chair et nue
Dite en bronze ou d'ivoire ;

Aube, pour les marins,
Qui êtes femme blanche,
Quand au bleu des matins
S'en vont les femmes noires,

Se baigner aux brisants
Où la mer est montée,
Sous de grands ciels brûlant
De toute éternité.

Jour alors qui s'avère
Sentant la palmeraie,

Tamaris qu'on voit verts
Sous le ciel clair dressés,

C'est dans sa candeur nue
Jeunesse de la vie
Qui chante à cœur perdu
Son amour resplendie,

Aux hommes comme aux choses
Sans vouloir bien ou mal,
Parce que l'heure est rose
Ou que la mer étale,

Et que c'est le désir
Qu'elle sait éternel,
Et que même à mourir
Alors parfois est miel.

Or douceur qu'il en est
Comme joie qu'on en prend,
Dans l'oubli des passés,
Lors en l'heure ou l'instant,

Où c'est sur le corail
Que vient le flot qui monte,
Avec sa voix qui raille
Les brisants qu'il affronte,

Aube, qui êtes femme
Blanche, pour les marins,
Dont un peu folle est l'âme,
C'est vous dans les matins,

Qui les faites mourir,
En eux, amours anciennes,
Là-bas, où de sourire,
Sont les neuves qui viennent.

IX

LES FILLES

Cœurs en la peine qui sont entrés
D'offrandes trop faites à l'amour,
Et pareils à des nefs ont sombré
Dans l'opprobre de nuit ou de jour,

Pauvres petites prostituées
Des dimanches au bord de la mer,
Douces en vos cheveux dénoués,
Qui faites vos sourires amers,

À ceux qui reviennent ou qui partent
À la mode de ceux des navires,
Et vous apportent leur cœur qui arde
Pour faire taire en eux leur désir,

Et dans les heures comme elles viennent
Savez boire pour plaire aux marins.
Et rire quand souvent c'est la peine
En laquelle votre cœur se plaint.

Or dans le bien, le mal ou le pire,
Des nuits chaudes ou d'hiver glacées,

Quand au havre touché les navires
S'ancrent, avec leurs voiles carguées,

Filles alors, et pour mieux aimer,
Qui revêtez des maillots de moire,
Dans les tavernes au bout des quais,
Où tard on entre pour voir ou boire,

Orgues et désaccordées moulant
Des valses et des polkas vannées,
Tandis qu'en l'ombre, dehors le vent
Chante au fleuve, montant la marée ;

Musiques en toi si tu les veux,
Ou silence, si tu le préfères,
Ce sont elles entrées dans tes yeux
Dites en ton cœur mieux qu'en ta chair.

X

IN MEMORIAM

Et maintenant ici
C'est ton âme qui rêve,
À tous les paradis
Que tu n'as pas touchés,

Là-bas, dans des jours doux
Loin de toi qui s'achèvent,
Dans des automnes roux
Ou dans l'or des étés,

Et du monde où tu fus,
Au temps de tes navires,
Dont si peu tu as su
Au bout du chemin fait.

C'est ton âme pourtant
Qui se plaît à sourire,
À des ports de printemps
Que tu as abordés,

Où tu sus dans l'amour
Comme l'ont ceux des voiles,

La joie d'un instant court
Dans une chair donnée,

En des nuits tout d'étoiles
Au bord des viviers verts,
Ou bien sous le couvert
Frais, de tentes de toile.

Puis c'est ton âme ailleurs
Aussi qui s'est complue,
À des Nords de blancheur
Froide et d'Islandes nues,

Où l'air était si pur
Qu'on eût dit comme haleine,
De Dieu montée dans l'air
À vent dans la figure ;

Tandis que sur la mer
S'allaient des bancs de glaces,
Disant rochers amers
Faits de gel dans les passes,

Et que dans la nuit bleue
Au zénith la Grande-Ourse,
C'était comme en des cieux
Nefs au vent, dans leur course.

Or tu l'as bu ainsi
Dans la coupe tendue,
Le vin que t'a servi
L'aventure âpre et nue,

En des jours loin qui chantent
Encore dans ta vie,
Et dont les joies te hantent
Dans leurs clartés enfuies ;

Et c'est la mer là-bas,
Et sous leurs voiles rondes,
Les nefs en autrefois
Qui t'ont conduit au monde,

Et sont restées en toi
En ton cœur matelot,
Alors qu'il avait foi
Et le suivait son lot.

FLEURS VERTES

I

THULÉS

Des fleurs en toi se sont ouvertes
Dans des mais qui chantaient printemps,
En des jours bleus et d'ombres vertes
Comme il en est en Orient,

Et des Damas lors de ta vie,
Elles en ont fait des Thulés,
Celles qui venaient accomplies
Dans l'or du rêve où tu songeais.

Blondes les unes, comme blé,
Noires les autres, comme nuit,
Tu les as sues de clarté luies
En leur cœur ouvert pour aimer,

Et dans les déserts de ta vie,
Comme oasis, où l'eau qu'on boit
Et qu'après la route suivie,
À l'étape, se dit de joie,

Alors que las les méharis
Se couchent, au dos leurs attelles,

Et que c'est comme en paradis
La lune qui monte en le ciel.

Or monde alors qui s'est fait doux,
En les joies que l'on trouve en elles,
Âme qui avait pris des ailes
Pour s'en aller on ne sait où,

Cœur qui savait ce qu'il attend,
À ses sagesses infidèle,
Dans un émoi qui le détend
S'ouvrant comme font les airelles,

Dans ces mais qui chantaient printemps,
En toi aussi se sont ouvertes
Des fleurs, dans des jours d'ombres vertes,
Comme il en est en Orient.

II

VÊTURES

Il y a l'amour bleu,
Il y a l'amour jaune,
Et l'un très près de Dieu,
L'autre trop près de faune,

Et la chair qui est reine
Porte diverses robes,
Et dont le cœur s'enrobe
Lui, de diverses peines.

Il y a l'amour vert
Qu'en des printemps furtifs,
Chantent des instants clairs,
Dans les cœurs lourds qu'il brife,

Sur le bord des rivières
Où verdissent les aunes,
Dans la grande lumière
Dont le ciel fait l'aumône ;

Il y a l'amour mauve
Qui conduit à l'ennui,

Dans sa paix qui se love,
En l'ombre ou dans la nuit,

Et dont le désir lève
Ainsi qu'un soir d'automne
Gris dans l'air qui s'achève
Sur des horizons mornes ;

Il y a l'amour rouge
Auquel les matelots,
Dans les ports, dans les bouges,
S'en vont chercher leur lot ;

Il n'est que l'amour vrai
Qui porte robe blanche,
Et qui dit son dimanche
En foi communiée,

En des heures si douces
Qu'on dirait miel d'été,
En celle qu'on épouse
Lors pour l'éternité.

III

NUIT BLEUE

La nuit est bleue,
L'amie est blonde,
Il y a Dieu,
Et puis le monde,

Et le jardin
Où l'on s'en va,
Trouver demain
Et qui viendra.

Il y a cœur
En soi qu'on porte,
Croyant sans leurre,
La douleur morte ;

La lune est ronde,
Arcturus luit,
Et l'amie blonde
Elle, sourit,

On ne sait point
À quoi, à qui,

Mais jointes mains
Ainsi qu'on prie,

Et yeux montés
Haut vers le ciel,
Cherche, on dirait,
Comme des ailes.

Silence en elle,
Silence en soi,
Et alors foi
Qui se fait fiel,

Doute qui naît,
Amour qui lie
D'éternité
Et pour la vie,

C'est lors dans l'âme
En soi qu'on porte,
Comme une femme
Qu'on saurait morte.

IV

LA REPENTIE

Je vous salue, ma Sœur,
Et qui avez aimé,
Je vous salue, ma Sœur,
Qui vous êtes donnée,

Et qui de cœur perdu,
Vous qui étiez sereine,
Désormais l'âme à nu,
La portez votre peine.

Je vous salue, ma Sœur,
Et qui avez pleuré,
Et puis tout de douceur
Avez su pardonner,

Ne gardant que pour vous
Le chagrin ou la plaie,
Dans un automne roux
Alors en vous entré,

Après les clairs printemps
Que vous aviez connus,

En des jours, dans le temps,
Qui ne reviendront plus.

Je vous salue, ma Sœur,
Aujourd'hui dans la peine,
Qui l'acceptez sans haine
Et presque sans rancœur,

Vous occupant des doigts
À de bleues broderies,
Pour vous complaire en foi
À parer des Maries,

Vous dont le cœur tendait
Comme tous ceux des femmes,
À l'amour et ses flammes
Au fond de leur souhait,

Et qui gardez silence
Descendu comme un voile,
Sur les mornes souffrances
Que voulut votre étoile,

Je vous salue, ma Sœur,
Ainsi que Madeleine,
Quand aux pieds du Sauveur
Elle disait sa peine,

Les cheveux dénoués
Et la poitrine nue,
Au cou, son grand collier
De perles appendu,

Je vous salue, ma Sœur,
Qui vous dites comme elle,
De beauté, en cette heure,
Et qui n'en voulez plus.

V

LA VRAIE

C'est toi la Vraie qui m'as menti,
C'est toi la Vraie qui m'as souri,

Qu'à l'unique ou le seul qu'on aime,
Comme si c'était à toi-même ;

C'est toi la sûre et la certaine,
Dont l'âme n'est ni lasse ou vaine,

Mais comme un clair soleil de foi
Qui veut se partager de joie

Et pour que rien ne se délie
Du rêve bleu fait de la vie,

N'a choisi d'autre postulat
Qu'être à celui qu'on sait qu'on a,

Brebis qui le suit son berger
Sans envier parfois les autres,

Blanche d'âme, en ta chair donnée,
Comme la farine d'épeautre,

C'est toi qui es, ou sais les puits,
Qui les apaisent dans la vie,

Les soifs ardentes nées en nous
Dans les jours clairs, dans les jours doux,

Ou c'est le meilleur de nous-mêmes,
Telles abeilles, qui essaime.

C'est toi qui ne t'es pas menti
Comme les autres à toi-même,

C'est toi la vraie qui as souri
Dans la paix du bonheur suprême

De se donner et le savoir
D'âme, de cœur comme de chair,

Et qui t'es vue en ton miroir,
Comme Ève, quand c'était la Terre

Le paradis, depuis perdu,
Où cœur et chair aimaient à nu.

VI

LA CHAIR

Il est celle qui rit,
Il est celle qui pleure,
Et celle qui sourit
Et même à la douleur ;

Et celle qui se vend,
Et celle qui se donne,
Ou bien qui se reprend
Et parfois qui pardonne.

Il est celle qui s'aime
Elle-même et sans plus,
Il est celle qui sème
Amour à chair perdue,

Et dans celles qui passent
Ou dans celles qui viennent,
Il en est qui sont lasses
Comme d'autres sereines.

Or toi qui les as sues
Dans ton cœur ou ta chair,

Et qui les as connues
Dans des jours noirs ou clairs,

Lorsque vêtues ou nues
Elles passaient en toi,
Folles ou ingénues
Pour t'apporter l'émoi,

En cheveux blonds ou noirs
Yeux ouverts ou fermés,
De matin ou de soir
Dans l'ombre ou la clarté,

Tu as trouvé douceur,
Sinon dans la tendresse,
Au fond de leurs caresses
Cependant sans rancœur,

Car si la chair fait taire
L'âme que le sang goure,
D'émoi pauvre ou amer
Il est pourtant amour.

VII

SALOMÉ

C'est dans les soirs
Parfois marâtres,
Où, au théâtre
On va s'asseoir,

Et qu'on se penche
Pour mieux les voir
Roses ou blanches,
Blondes ou noires,

Dans la lumière
Et leurs fragrances
De fleurs de chair
Celles qui dansent,

Sur des musiques
Vites ou lentes,
À pas rythmiques,
Et souriantes,

Mimes, danseuses,
Et ballerines,

Douces, railleuses,
Ou bien félines.

Mais lors ballet
Ou long, ou court,
Gracieux, gai,
Et parfois lourd,

Choses soudain
Et qui s'évoquent
De temps lointains
Sans équivoques,

C'est là-bas loin
En Galilée,
En l'air serein
Au soir tombé,

Un palais d'or
Dans le couchant,
Où sonnent cors,
Où montent chants,

Et puis des lances,
Soldats et gardes,
Banquet et danse
Et que regarde

Sombre, Antipas
Les yeux baissés.
Mais dansant là
C'est Salomé

Lèvres tendues,
Les bras dressés,
Et les seins nus
Et d'or ombrés,

Tandis que sur
Un plat d'argent,
Le long du mur
Blanc du redan,

Un soldat vient
Et les doigts raides,
Portant aux mains,
De Jean, la tête.

VIII

CELLES QUI PASSENT

Dans le jardin de tes désirs,
Elle a passé la Sulamite,

Isis, des grands soleils d'Égypte,
Et d'autres trop longues à dire ;

Dans les jardins bleus de tes songes,
Il en vint autant qu'en la vie,

D'heures, au rêve où l'on se plonge,
Comme aux flots de mers infinies.

Il en était, et dans les nuits
Vagues et chaudes de printemps,

Lorsque plus haut parle la vie
Dans la chair lors qui se détend,

Qui venaient cheveux dénoués,
Souriaient, puis loin s'en allant,

Laissaient l'ombre comme embaumée
D'un parfum de myrrhe et d'encens ;

Puis d'autres, ou brunes ou noires,
Et des îles d'Océanie,

Dites en leur chair comme un soir,
Cambrées et les lèvres saillies,

Avec au cou, et de corail,
De grands colliers, et puis d'écaille,

Des peignes et des bracelets,
Qui, elles aussi souriaient.

Or tu as su noires ou blondes,
Des Madeleines, des Jocondes,

Et des Carmens, et qui dansaient
Dans des bars en des nuits amères,

Et des soirs de cirque où sautaient
Sur des chevaux des écuyères

Debout, à travers des cerceaux,
Bras dressés et cheveux au dos.

Puis une, un jour, elle, est venue,
Lointaine comme un horizon,

Tacite dont tu n'as connu
Que la foi claire, sans le nom,

Et qui t'a été la lumière
Entrée dans ton cœur et ta chair,

Et dans ton âme a mis la paix,
En attendant l'éternité.

IX

SAHÈLE

C'est vous que j'ai aimée
Dans des jours bleus ou noirs,
C'est vous que j'ai aimée
De matin et de soir,

Trouvant joie à vous voir
Dite toute en beauté,
Et pour amour avoir
De votre cœur, et vrai,

Et l'apaiser ma chair
Dans ses désirs montés,
En la lumière luie
De vos yeux azurés.

C'est vous que j'ai connue
Aux heures de ma vie,
Comme de clarté luie
Après jours trop vécus,

Où s'avérait de nuit
Qui n'était étoilée,

Temps, qui m'avait vieilli
Et mon cœur, lui, lassé ;

Et vous chantiez en moi
Dans toutes mes pensées,
Comme aussi dans l'émoi
De tous mes rêves faits.

J'avais en vous pris foi
Que paix sûre endimanche,
Et vous étiez en moi
Comme une agnelle blanche,

Qui paît, au pré d'amour,
L'herbe bleue des printemps,
Dans la douceur du jour
Ou le parfum du vent,

Et vous m'étiez de joie
Même les jours de pluie,
Lorsque l'âme assombrie
Trouve à vivre des croix,

Et c'était le bonheur
Qui vous avait suivie
Le jour où dans mon cœur
Vous entrâtes en moi.

Je vous ai sue ainsi
Des mois et des années,
Et comme paradis,
J'avais d'éternité,

Cru en vous l'amour vrai
Et vous m'avez trahi,
À bouche qui sourit
Un jour, et sans regret,

Et c'est vous à présent
Qui passez dans ma vie,
Ainsi qu'aux anciens temps
D'Antipas, Salomé,

Et c'est mon cœur, en moi,
Par vous qui a saigné,
Ainsi qu'en autrefois
De Jean, tête tranchée.

X

KHOUAN-YNNE

C'est celle en robe bleue qui passe,
Celle en robe rouge viendra,

Et comme l'une l'autre efface,
Vêtue d'or, l'ultime sera,

Et Salomé ou Sulamite,
De grâce, sourire ou beauté,

Hérode, Antipas ou David,
Dira laquelle doit danser.

C'est celle aussi en robe blanche
Et blonde, et cheveux dénoués,

Qui s'en va chercher sous les branches
L'eau des sources pour s'y baigner,

Et qui s'y mire, au miroir vert
Et mouvant, en sa nudité,

Et qui lui dit sœur en sa chair
En son image reflétée,

Comme lune mire soleil
Dans les nuits claires des étés,

Ou la mer, elle aussi, le ciel
Dans l'infini des flots allés.

Or aux Chines qui te sont chères,
Il en est une blanche aussi,

Comme de neige qui s'avère
Dans sa longue robe sans plis,

Et dont les yeux si allongés
Qu'on dirait d'amandes ouvertes,

Luisent, sous son front couronné
D'une tiare d'or couverte ;

Et blanche des virginités
Des porcelaines de la Chine,

En Fou-Khien ainsi qu'un lait,
C'est de tendresse Khouan-Ynne,

Qui fait son sourire, en beauté,
D'émail, et pour l'éternité.

XI

EN SOI

As-tu assez aimé?
Tu n'en es pas bien sûr,
Et si tu t'es donné
Était-ce de foi pure ;

Avais-tu résigné,
Accepté toutes choses,
Même ce que l'on hait
Sans en savoir la cause ;

As-tu cru tout en foi
Et sans pouvoir douter,
Était-il paix en toi
Comme d'éternité ?

As-tu assez aimé
Pour que chair se soit tue
En toi à matin né
Ou à nuit descendue,

Et que le désir mort,
Ce soit les yeux levés

Que tu aies vu le port
Qu'est le ciel de clarté,

Pour y monter ton âme
Comme une nef ailée,
Sous des soleils de flammes
Dans de l'air tout doré ?

Tu as couru le monde,
Tu as connu la vie,
Et sur la terre ronde
Ta voie, tu l'as suivie,

Et ton rêve fut vrai
Si tu en fais la somme,
Sauf en ce qui a trait
À ce qui est des hommes ;

As-tu assez aimé ?
Tu n'en es pas bien sûr,
Mais tu t'es tout donné
Pour que Dieu te pardonne.

DANS L'OMBRE

I

PRIÈRE

Ave Maria
Gratia plena

Est-ce pour ta vie
Ici que tu pries,

Ou pour trouver foi
Et bien qu'on en a?

Dominus tecum
Est-ce pour les hommes,

Tes sœurs et tes frères
En des temps amers,

Qui ont su la peine
Comme à coupe pleine,

Et s'en sont allés
D'hiver ou d'été,

Pour trouver leur pain
Sur tous les chemins?

Benedicta tu
In mulieribus

Est-ce ton cœur nu
Qui s'est souvenu

De celles jadis
Que tu as élues,

Dans des heures luies
Chantant paradis,

Et qui d'amour sûr
Si douces te furent

Qu'encore aujourd'hui
Ton cœur en languit ?

Or joins les mains, prie,
Et de foi élue,

Et benedictus
Fructus ventris tui

Les voici les fruits
De ton âme émue,

Car rêves ici
Tes doux enfants nus,

C'est eux aux jours luis
Que tu as aimés,

Et toute ta vie
Que tu as portés,

De soleil ou pluie,
Ainsi que Marie,

Aux temps révolus,
En ses bras, Jésus.

II

AGNUS DEI

C'est l'agneau qui veille couché
Sur le livre ou d'éternité

S'avère, dans des millénaires,
La parole écrite et divine,

Et porte, en le jour qui décline,
Sous un nimbe serti d'or clair,

Croix, sur ses épaules posée
En rappel du crucifié.

Or soir ici de Palestine,
Ciel commençant à s'étoiler,

Lune pleine, comme en gésine,
Mais pâle encor dans l'air montée,

C'est l'agneau blanc, l'agneau sans tache,
Dont les yeux bleus se sont fermés,

Et l'oubliant ainsi sa tâche
Le jour clos, s'est mis à rêver.

Dans l'ombre

Mais monde lors, comme en des langes
Dans l'ombre sur lui repliés,

En chantant ainsi qu'à voix d'anges
La vie d'en bas à nuit qui naît,

Paix de douceur, parfums montés
Des arbres, de l'eau et des plantes,

Un troupeau est là-bas couché
De moutons, dormant en l'attente

De l'aube rose qui viendra
Faire jour quand demain sera ;

Et l'agneau blanc s'en est allé
Vers eux, se souvenant d'hier,

Où c'était dans des millénaires,
L'herbe aussi qu'il avait broutée,

Et dormir la nuit de sa chair,
Avec ses frères, dans un pré.

III

LA CHAIR

Mon Dieu, la chair nous goure
Mais ayez pitié d'elle,
Car nos cœurs qui sont lourds
Trouvent en elle paix,

Et du bien qu'on en a
Nos âmes prennent ailes,
Pour vivre en plus de foi
Et lors mieux vous aimer.

Mon Dieu, la chair est douce
Et la vie est cruelle,
Et si nos cœurs l'épousent
C'est par fatalité,

Car il nous faut aimer
Et l'amour est en elle,
Et ce n'est pas ailleurs
Qu'on pourrait le trouver,

Même en fermant nos cœurs
Ou en prenant des ailes,

Car nous vivons en elle
Dès le jour où l'on naît.

Mon Dieu, la chair qui goure
Dit le Verbe, est maudite,
Dans les nuits, dans les jours,
Et pour l'éternité,

Mon Dieu, ayez pitié,
Car le mal n'est en elle,
C'est celles qui la portent
Seules qui ont péché,

Car elles en ont fait
Robes, en quelque sorte,
Pour vêtir leurs amours
Et surtout en changer,

Et mon Dieu, la beauté
Que la chair chante en elle,
Est dans sa nudité
Pure comme le jour,

Et c'est pour l'homme, ciel
Qui s'ouvre dès la vie,
Et de grâce éternelle
Pour lui donner l'amour.

IV

L'HEURE

Mon Dieu, voici que l'heure sonne,
Et puis qu'une autre après viendra,

Et c'est la nuit, il n'est personne,
Et l'on est seul avec sa croix ;

Est-ce vous qu'il nous faut attendre
Ou celle qui nous est amie,

Mon Dieu, pourquoi faut-il descendre
Seul en soi ainsi qu'en un puits ?

Mon Dieu, au monde il n'est de portes
Ouvertes en nous que nos yeux,

Pour savoir le chagrin qu'apporte
Aux hommes la vie sous les cieux,

En ce qu'on voit ou ce qu'on touche
Du cœur, des mains ou de la bouche ;

Et nos âmes que vous savez
Car c'est vous qui les avez faites,

Ne connaissent que des défaites
Et depuis le jour où l'on naît.

Mon Dieu, pourquoi vos paradis
Si loi sont-ils, ou bien si haut,

Et pour toucher le bien promis
Pourquoi c'est-il la mort qu'il faut,

Car les rêves qui ont des ailes,
Eux, dès la vie nous donnent ciel,

Et vers nos désirs nous emportent
Dans le vent doux de nos pensées,

Comme en nous si chair était morte,
Et nos cœurs aussi expirés.

V

ÉLÉVATION

Élève-le ton cœur,
Comme on fait des hosties,
Toi qui subis sans leurre
Tant de croix dans ta vie,

Dis messes en toi-même
Toi qui sus les rancœurs
Des jours lourds où l'on aime
Sans trouver le bonheur,

Et comme on fait du vin
Que l'on verse aux calices,
Fais-le, le sacrifice
De tous tes rêves vains,

Crucifie-toi aux bois
Des Golgothas du songe,
Où tu as su émois
Aujourd'hui qui te rongent,

Et si tu sens la plaie
Ne te plains, ni ne pleures,

Même, quand sang coulé,
Tu sauras la douleur,

Ouvre porte à ton âme
Pour qu'elle oublie la chair,
Car en nous elle est femme
Et c'est sa gaine amère,

Et montre-lui le fiel
Des jardins de la terre,
Pour qu'elle cherche ciel
En se voulant des ailes,

Ou bien s'aller si loin
Dans les éthers ultimes,
Chercher ainsi que pain
Sa vérité intime,

Ou d'elle il ne soit plus
Qu'ainsi qu'il est des choses
Perdues au monde nu
Dans l'ombre des soirs roses,

Lorsque tu le soleil
Avec la nuit qui vient,
C'est l'oubli qu'on atteint
Dans la mort du sommeil.

VI

VITRAIL

Un ange en ailes dit sa foi
À genoux dans une chapelle,

Dehors il neige en gel et froid,
Et la mer là-bas sous le ciel,

Telle un orgue, monte sa voix,
Dans les musiques rituelles ;

Et sous les nefs, où on l'entend
Comme au clavier les voix célestes

Les cierges, eux, flammes tremblant,
Disant vitraux que vent moleste.

Un ange prie à deux genoux,
Devant un Christ et que l'on voit,

Saignant des pieds, des mains, aux clous
Enfoncés dans sa croix de bois,

Au front sa couronne d'épines,
Au flanc sa plaie, la chair ouverte,

Et le jour déjà qui décline
Met sur son corps lumière verte,

Comme la mort fait au tombeau
À ceux qui y prennent repos,

Or l'ange pleure, aussi Marie,
Et Longin comme Madeleine,

Elle, son grand collier qui luit
Sur sa poitrine brune et pleine,

Et sous la voûte où la nuit vient
C'est l'ombre qui dit sa froidure,

Le gel, ainsi que mer au loin
Perdue dans des houles obscures ;

Et puis un flambeau s'est éteint,
Et puis un autre l'a suivi,

Et sous la nef il n'est plus rien
Que le vent qu'on entend qui crie.

VII

DÉSIR

Tu l'as voulue ta peine
Aux jours dont tu fus l'hôte,
En commettant tes fautes
Et ta coupe en est pleine,

Tu as voulu tes croix
Dans les soirs qui s'achèvent,
Aux Golgothas des rêves
Où tu cherchais l'émoi,

Et ton âme a saigné
Et ton cœur a souffert,
Dans des heures amères
Où c'est rancœur qui naît.

Tu as voulu savoir
Ce qu'il faut ignorer,
Qui dort dans la nuit noire,
Qu'il ne faut réveiller,

Tu as voulu connaître
Le secret de la vie,

Et pourquoi il faut naître
Pour subir ou aimer,

Et sur la voie suivie,
Attendu sans toucher,
Le bien que l'on envie
Pour sa joie ou sa paix.

Des femmes t'ont souri
Ainsi qu'à tous les hommes,
Des cieux en toi ont lui
Dont tu n'as su la somme,

Que lointaine et fugace,
Eux, approchés à peine,
Dans l'à-peu-près qui lasse
Ne donnant que foi vaine ;

Tu n'as entrevu Dieu
Que sur des toiles peintes,
Et les anges des cieux
Que dans des gloires feintes,

Et si tu sus l'amour
Ce fut aux heures brèves,
D'une nuit ou d'un jour
Si tôt né qui s'achève.

Or toi jadis qui crus
Au miel doux de la vie,
Voici le temps venu
D'y renoncer ici,

Et qu'elles soient en toi
Toutes croix consenties,
Elle est venue l'amie
Que tu n'attendais pas,

Et qui t'a dit : je suis
Moi la sûre à jamais,
Et viens toi, et me suis,
Je suis la Mort, et vraie.

VIII

LA NUIT

Et maintenant l'heure est venue,
Ferme-le ton livre, et tais-toi,

Car c'est ton âme à présent nue
Qui ne sait plus ce qu'elle croit ;

Ce sont tes yeux qui ont tout vu
Au monde et sans y trouver foi,

Et ta nuit obscure advenue
Et l'ombre alors entrée en toi.

Tes songes ont perdu leurs ailes
Et de leurs éthers descendus,

Pleurent les clartés de leurs ciels
Et de leur ambiance élue,

Et comme sorti de toi-même,
Âme de ta chair déliée,

C'est ce que tu hais ou tu aimes
Devenu lointain et voilé.

Or, c'est la nuit qui vient en toi
Et le temps qui veut la vieillesse

De ton cœur qui cherchait en foi
De trouver paix ou allégresse

Au monde en la vie que l'on a
Et comme elle est qu'on porte en soi ;

Ferme ton livre, l'heure est là
Car c'est la nuit ici qui tombe.

Les morts qui dorment dans leur tombe
Et les vivants qui rêvent las,

Et étoiles luies une à une,
Comme à drap noir, mettant clous d'or,

Et même choses importunes
De la vie, tues comme en la mort.

DOSSIER

CHRONOLOGIE
1862-1931

1862. 5 mai : naissance à Anvers, rue Saint-Paul, d'un père armateur et banquier, Flamand d'ascendance scandinave, lui-même de culture française et d'une mère d'origine wallonne, Claire Cousin, née à Écaussinnes, ville du Hainaut. « Ô ma Mère des Écaussinnes, / C'est votre sang qui parle en moi » (*À ma mère*). Il passe une enfance confinée, entre ses parents (sa mère est de santé fragile) et sa sœur Marie, née deux ans après lui. Il sera élevé en grande partie par des servantes. Chaque année vacances d'été à Écaussinnes dont il gardera un souvenir émerveillé. Il y entend les refrains populaires chantés en langue française.
1870. Installation de la famille Elskamp à Anvers, dans un hôtel particulier du boulevard Léopold, alors un quartier neuf (aujourd'hui avenue de Belgique). Il y demeurera jusqu'à sa mort.
1876. Max Elskamp entre à quatorze ans en 4e latine à l'Athénée Royal d'Anvers. Son allure timide et efféminée lui attire les railleries de ses condisciples. Il fait des études secondaires médiocres. Excellent élève en dessin. Une amitié qui ne se démentit jamais se noue entre lui et Henry Van de Velde (le créateur du style moderne en architecture).
1877. Les deux amis montrent peu d'intérêt pour les cours et se rendent tous les jeudis après-midi dans le quartier maritime, fascinés par la vie du port.
1880. Inscription à la Faculté de Droit de l'Université Libre de Bruxelles où Elskamp rencontre Georges Khnopff (le frère de Fernand) qui « initie Elskamp aux chefs-d'œuvre de la littérature française ». Études poursuivies sans enthousiasme.

1883. 18 avril : mort de la mère d'Elskamp.

1883-1884. Hiver : fin de l'idylle avec Maria de Mathis, une jeune fille que des parents « de retour des Australies » lui avaient présentée. La rupture, à la suite de calomnieuses intrigues d'amies de sa sœur, laisse le poète dans un désarroi très profond. De cette déception naîtra la figure de *Maya*.

1884. Été : fin des études de droit et, par là, de ce que Max Elskamp appela lui-même « cette ignoble époque de l'université ». Stage d'avocat à Anvers. Fin 1884, séjour de deux semaines à Paris.

1886. Publication à Anvers, hors commerce, de *L'Éventail Japonais* composé au début de 1884, tiré à 50 exemplaires, sur fond d'estampes japonaises. Il devient secrétaire du groupement de « L'Art indépendant », fondé par Henry Van de Velde.

1887. Premier salon annuel de « L'Art indépendant », dont Elskamp compose le catalogue.

Cette année marque le début d'une dépression très profonde dont les effets se feront sentir jusqu'en 1892. Elskamp entreprend une croisière de six semaines sur le « Princesse Stéphanie », cargo assurant le transport de minerai d'Anvers à Gênes. Côtes d'Espagne, du Portugal, Maroc, Îles Baléares, Cyclades. On a tout lieu de penser que le voyage maritime s'est limité au bassin méditerranéen. Le poème *Reykjavik* est une « vision ». « Cinq années de tourment, écrira Van de Velde, pendant lesquelles Max Elskamp… est en proie au tourment de la chair auquel il s'abandonne sans pouvoir parvenir à anéantir les souvenirs de l'Amour et du Bonheur perdus. »

1888. « L'Art indépendant » accueille à Anvers *Un Mâle* de Camille Lemonnier.

Fait la connaissance de Gabrielle de Meester (« l'Accoutumée »). Débute une amitié qui se prolongera jusqu'à sa mort. Le 7 juillet, il achève *Le Stylite*.

« J'ai lu et relu Schopenhauer, ne lis pas cela, confie-t-il à son ami Van de Velde. C'est atroce !… Tout est vrai » (13 octobre 1888).

1889. Elskamp pratique le canotage, participe à de nombreuses courses avec Van de Velde. Il rencontre Albert Mockel par hasard sur une plage perdue. « Notre amitié, écrit A. Mockel, date d'une première causerie où chacun de nous avait découvert en l'autre un disciple ardent de Mallarmé. »

1890. 12 février : il accueille avec Van de Velde et quelques amis

Mallarmé à Anvers. Celui-ci était venu à l'invitation d'Octave Maus pour y parler de Villiers de l'Isle-Adam.

L'idée lui vient que la ville, « la petite ville », pourrait servir de « sujet poétique » (lettre à Van de Velde, avril 1890).

Commence probablement à écrire « Suites dominicales », le futur *Dominical*.

1891. *Le Stylite*, récit lyrique en prose, paraît dans *La Wallonie* (juin-juillet et août). La 2e et la 3e partie ne seront pas éditées.

1892. Elskamp commence à explorer le folklore anversois.

L'« Association pour l'Art » (Anvers), dont Elskamp est le secrétaire, accueille dans son Salon de 1892 (début février) des artistes européens d'avant-garde, tels Pierre Bonnard, Seurat, Signac, Toulouse-Lautrec, Toorop, Georges Minne et bien d'autres (Van Gogh, parmi eux, qui sera mal accueilli).

7 mars : publication de *Dominical*, illustré par Van de Velde (Lacomblez, Anvers et Bruxelles), 208 exemplaires. Le recueil est accueilli très favorablement par Verhaeren, Edmond Picard, René Ghil, Van Lerberghe, Maeterlinck et Mallarmé.

1893. Avec Van de Velde, il accueille Verlaine venu faire une conférence à Anvers.

Salutations, dont d'Angéliques (Lacomblez, Bruxelles), 203 exemplaires. Les réactions sont favorables en Belgique. Elles le sont moins en France. On reproche à Elskamp de singer Laforgue.

1894. H. Van de Velde se marie et s'installe à Bruxelles. Elskamp rencontre Edmond De Bruyn, jeune étudiant en droit, dont la foi chrétienne aura sur lui une grande influence.

1895. *En symbole vers l'Apostolat* (Lacomblez, Bruxelles), 207 exemplaires.

15 décembre : *Six Chansons de pauvre homme pour célébrer la semaine de Flandre* (H. Van de Velde pour Lacomblez, Bruxelles), 150 exemplaires. Le recueil est composé et imprimé sur une petite presse à bras, avec l'aide de Van de Velde et de sa femme. Il est illustré de bois gravés par l'auteur. Nombreuses lettres et critiques favorables de Henri de Régnier, René Ghil, André Gide…

1897. « Je travaille beaucoup des mains, et sais plusieurs métiers ; je suis relieur, ébéniste, horloger, un peu vannier, et mes meilleurs amis d'ici (Anvers) sont de très humbles gens » (lettre à Charles-Louis Philippe, 9 octobre).

1898. *La Louange de la vie* paraît au Mercure de France (1 000 exemplaires). Y sont regroupées les œuvres d'Elskamp publiées jusque-là de manière artisanale. L'accueil de la critique française est très favorable. Pourtant, le recueil se vend mal. Il sera réédité en 1933.

Elskamp vit dans sa demeure du boulevard Léopold, très modestement, entouré de quelques estampes japonaises et d'instruments qui ont servi à étudier les astres et à mesurer le temps. Intérêt très vif pour l'astronomie et la xylographie. Il acquiert une presse, baptisée «L'Alouette». Une de ses chambres est transformée en atelier de typographie.

Paraît *Enluminures*, illustré de bois gravés par l'auteur (Lacomblez, Bruxelles), 256 exemplaires.

- 1900. Il fait connaissance de Francis Jammes, venu faire une conférence à Anvers. Son existence est solitaire. Il se promène dans la campagne anversoise avec Gabrielle de Meester.
- 1901. Max Elskamp obtient un brevet d'invention pour un thermomètre à cadran de précision.

    L'Alphabet de Notre-Dame la Vierge (Buschmann, Anvers), album de bois gravés par l'auteur.
- 1903. Participe à l'hommage à Camille Lemonnier dans *L'Idée libre* du 15 mars.

    5 avril : mort de sa sœur, Marie, qui l'affecte profondément. Ses collections sont exposées à Bruxelles.
- 1907. 18 août : ouverture du Musée de la rue du Saint-Esprit, avec les collections que Max Elskamp a léguées à la ville d'Anvers.

    «Je vais maintenant me remettre au travail littéraire, que je n'ai pas tout à fait abandonné; bien au contraire, je suis enragé à présent d'écrire, depuis que mon folklore est sur pied et donc derrière le dos» (lettre à G. Rency).
- 1908. Fait la connaissance de Jean de Boschère, qui deviendra son confident.

    Découverte du bouddhisme.
- 1911. 17 avril : mort de son père, choc profond pour lui.

    L'Alphabet de Notre-Dame la Vierge est montré à l'Exposition d'Art religieux, au Pavillon de Marsan.

    «Je suis depuis toujours un vieux lecteur de l'Ecclésiaste; je sais par cœur l'admirable sermon de Bénarès du divin Gotama (Bouddha pour les gens d'ici)» (lettre à G. Rency, 26 juillet).
- 1913. Jean de Boschère demande l'approbation d'Elskamp pour l'es-

sai qu'il lui a consacré (Jean de Boschère, *Max Elskamp*, Bibliothèque de l'Occident, Paris, 1914).

« Époque de grande certitude religieuse grâce au bouddhisme » (Christian Berg).

1914. Bombardement d'Anvers. Le poète s'enfuit fin juillet en Hollande en compagnie de son fidèle domestique-infirmier, Victor. Arrive, malade, à Bergen-op-Zoom. Il exerce les fonctions de secrétaire de chancellerie au consulat de Belgique à Roosendaal.

1915. Juillet : trois poèmes paraissent dans *La Revue de Hollande* sous le titre : *Chansons désabusées*.
Elskamp reçoit d'André Suarès de nombreux livres dédicacés.

1916. L'intervention de H. Van de Velde auprès des autorités allemandes lui permet de regagner Anvers.

1918. *Les Commentaires et l'idéographie du jeu de loto dans les Flandres, suivis d'un glossaire* (A. de Tavernier, Anvers, antidaté pour échapper à la censure : 1914).

1919. À l'occasion de la publication de *Loin du tumulte* de Paul Neuhuys, Elskamp écrit une préface importante sur la poésie. « Il conviendrait, en effet, d'envisager le poème comme une cristallisation essentielle du rêve dont l'ordonnance serait, en quelque sorte, comme préétablie, et en conséquence, par rapport au poète, substantiellement fixée hors de lui. »

1921. Début d'une période de production intense.
Sous les tentes de l'exode, illustré de bois gravés par l'auteur (R. Sand, Bruxelles), 275 exemplaires.
Max Elskamp obtient le Prix triennal de littérature française, 1919-1921.
Premiers troubles nerveux. Élection à l'Académie Royale de Langue et de Littérature.

1922. Suivent *Chansons désabusées* (G. Van Oest, Bruxelles-Paris), 300 exemplaires. *La Chanson de la rue Saint-Paul* (Anvers, hors commerce), qui, avec *Maya* publié un an plus tard, représentent le sommet de son art.

1923. *Les Sept Notre-Dame des plus beaux métiers* (A. de Tavernier, Anvers), 156 exemplaires.
Les Délectations moroses (G. Van Oest, Bruxelles), 300 exemplaires (recueil sans doute écrit dès 1913).
Chansons d'Amures (Buschmann, Anvers), 150 exemplaires (commencé en 1894).
Maya (Buschmann, Anvers), 150 exemplaires.

1924. *Remembrances* (Buschmann, Anvers), 250 exemplaires, et *Aegri Somnia* (Buschmann, Anvers), 250 exemplaires, sont imprimés sous le contrôle d'Elskamp, mais restent hors commerce.

1925-1930. Max Elskamp passe les dernières années de sa vie emmuré dans sa demeure. Frappé d'ataxie, il ne reçoit plus que de rares amis. Les premiers signes de démence se manifestent. Il a cessé de publier, excepté *Clartés* dans *Le Thyrse* (1929). La même année, Van Bever et Léautaud reproduisent huit poèmes d'Elskamp dans leur anthologie du Mercure de France, *Poètes d'aujourd'hui*.

1931. 10 décembre : mort de Max Elskamp.
Par testament, il lègue ses bois au musée de la Vieille Boucherie à Anvers, sa collection de cadrans solaires au Musée de la Vie Wallonne à Liège et ses livres à l'Université Libre de Bruxelles. Il charge son cousin H. Damiens de publier *Les Joies blondes* et *Les Fleurs vertes*.

ŒUVRES POSTHUMES

1932. *Huit Chansons reverdies*, La Nouvelle Revue Française, 1er août 1932.

1934. *Les Fleurs vertes*, Nouvelle Société d'Édition, Bruxelles (200 exemplaire, hors commerce).
Les Joies blondes, Nouvelle Société d'Édition, Bruxelles (200 exemplaires, hors commerce).

1967. *Les Heures jaunes*, dans les *Œuvres complètes*, Seghers (la copie dactylographiée est datée de 1923).

BIBLIOGRAPHIE

I. ÉDITIONS

Les œuvres de Max Elskamp ont été mentionnées dans la chronologie, au fur et à mesure de leur publication.

En 1967, Bernard Delvaille a eu le mérite de publier l'œuvre complète d'Elskamp, en un volume, qui comprend les recueils posthumes et inédits :

Max Elskamp, *Œuvres complètes*, Avant-propos de Bernard Delvaille, Seghers, Paris, 1967 (1 023 pages).

Un choix de textes avec préface de Liliane Wouters a paru aux éditions Jacques Antoine en 1980 :

Max Elskamp, *Chansons et enluminures*, Éd. Jacques Antoine — Les Éperonniers, collection Passé-présent, Bruxelles, 1980. (*Six Chansons de pauvre homme pour célébrer la semaine de Flandre, Enluminures, Chansons désabusées, Chansons d'amures, Huit Chansons reverdies dont quatre pleurent et quatre rient, La Chanson de la rue Saint-Paul.*)

Œuvres de Max Elskamp récemment publiées :

Max Elskamp, *La Chanson de la rue Saint-Paul*, précédé de *Sous les tentes de l'exode* et suivi d'*Aegri Somnia*. Éd. Labor, coll. Espace Nord, Bruxelles, 1987 (préface de Julos Beaucarne, lecture de Paul Gorceix).

Max Elskamp, *La Louange de la vie*, La Différence, coll. Orphée, 1990 (présentation et choix de Guy Goffette).

Max Elskamp, *Effigies*, Archives et Musée de la Littérature et Fata

Morgana, Bruxelles, 1989 (postface de Marc Quaghebeur : « Une plainte sans chanson : le dernier Elskamp »).

Première édition des œuvres présentées dans ce volume :

La Chanson de la rue Saint-Paul, Buschmann, Anvers, 1922, 89 pages (bois gravés par l'auteur).

Les Délectations moroses, G. Van Oest, Bruxelles, 1923, 160 pages (bois gravés par l'auteur).

Chansons d'amures, Buschmann, Anvers, 1923, 76 pages (bois gravés par l'auteur).

Aegri Somnia, Buschmann, Anvers, 1924, 176 pages (bois gravés par l'auteur).

II. ÉTUDES SUR MAX ELSKAMP

BERG, Christian, *Max Elskamp et le bouddhisme*, Centre Européen Universitaire de Nancy, n° 27, 1969.

— « Max Elskamp et l'esthétique fin de siècle », in : *Bulletin de l'Académie royale*, Bruxelles, 1969.

— « Symbolisme belge : la perspective idéaliste (Rodenbach et Elskamp) », *Cahiers du C.E.R.C.L.E.F.*, n° 3, 1985.

— « Max Elskamp et la syntaxe de la ville », in : *Les Lettres Romanes*, Université Catholique de Louvain, t. XL, n°s 3-4, 1986.

BOSCHÈRE, Jean de, *Max Elskamp*, Bibliothèque de l'Occident, Paris 1914.

— « Elskamp l'Admirable », in : *Mercure de France*, 15 mai 1934.

BRAET, H., « Les Rythmes de la vie : lecture d'*Enluminures* ». Études de Littérature française de Belgique offertes à Joseph Hanse, Bruxelles, 1978.

DAVIGNON, Henri, *L'Amitié de Max Elskamp et d'Albert Mockel (Lettres inédites)*, Palais des Académies, Bruxelles, 1955.

GORCEIX, Paul, « Symbolisation, suggestion et ambiguïté. G. Rodenbach, M. Elskamp, M. Maeterlinck », in : *Les Lettres Romanes*, Université Catholique de Louvain, t. XL, n°s 3-4, 1986.

— « Réalités flamandes et symbolisme. Max Elskamp (1862-1931) », in : *Revue d'Histoire littéraire de la France*, n° 4, 1987.

— « Le "Voyage immobile" : Max Elskamp et la symbolique orientale », in : *Textyles*, n° 12, Bruxelles, 1995.

GUIETTE, Robert, *Références poétiques de Max Elskamp*, Palais des Académies, Bruxelles, 1954.
— *Max Elskamp*, Seghers, coll. « Poètes d'aujourd'hui », n° 45, Paris, 1955.
MOCKEL, Albert, « Max Elskamp », *Annuaire de l'Académie royale de langue et de littérature françaises*, Bruxelles, 1934.
MIOMANDRE, Francis de, « La Mysticité et le Lyrisme de Max Elskamp », in : *Mercure de France*, février 1914.
OTTEN, Michel, « Un aspect de la vie religieuse de Max Elskamp », in : *Bulletin de l'Académie royale*, Bruxelles, 1958.
— *Max Elskamp. Les années de formation. La période symboliste*. Thèse de doctorat inédite, Louvain, 1959.
PHILIPPE, Charles-Louis, *Max Elskamp*, Éd. Dynamo, Liège, 1951.
SCHILTZ, Marcel, *La Vie tourmentée de Max Elskamp*, Éd. Ça ira, Anvers, 1937.
VAN DE VELDE, Henry, Conférence du 15 juin 1933 sur la formation poétique de Max Elskamp (Académie Edmond Picard). Rééditée dans *Déblaiement d'Art*, Éd. des Archives d'architecture moderne, Bruxelles, 1979.

Max Elskamp, numéro spécial du *Thyrse*, Bruxelles, avril-mai 1962.
Max Elskamp et Jean de Boschère. Correspondance, Palais des Académies, Bruxelles, 1963 (introduction et notes de Robert Guiette).
Lettres françaises de Belgique. Dictionnaire des œuvres, éd. par Robert Frickx et Raymond Trousson, tome II, « La Poésie », sous la direction de Christian Berg et Robert Frickx, Éd. Duculot, Paris-Gembloux, 1988. (On y trouvera des notices précieuses sur le contenu de certains recueils de Max Elskamp.)

NOTE SUR LES MANUSCRITS

Ce volume veut, avant tout, faire connaître Max Elskamp en mettant à disposition du lecteur quatre de ses meilleurs recueils de poésie. Il n'entend cependant pas former une édition critique, qui aurait imposé une importante partie de notes et de commentaires. Pour le cas où l'œuvre d'Elskamp retiendrait l'attention du chercheur, celui-ci trouvera ici quelques informations.

Le « Fonds Max Elskamp », déposé au Cabinet des Manuscrits (Musée de la Littérature, Bibliothèque Royale à Bruxelles), est le seul endroit dans lequel on peut étudier la poésie, les pensées, le mode de travail et les conceptions esthétiques du poète anversois.

Selon la liste dressée par Jean Warmoes, le Fonds Elskamp dispose de vingt manuscrits autographes de ses œuvres éditées et des copies dactylographiées ayant servi à l'impression, auxquels s'ajoutent des manuscrits divers :

1. *Les petites boutiques de bonnes choses.* 4 f., ms. aut.
2. Prose sans titre. 5 f. ms. aut.
3. *Le Stylite.* Poème en prose. 19 f., ms. aut.
4. *Suites dominicales.* 13 f., ms. aut.
5. *Dominical.* Ms. aut. incomplet.
6. *Salutations, dont d'Angéliques.* Épreuves d'imprimerie corrigées par l'auteur.
7. *En symbole vers l'Apostolat.*
   Ms. aut. complet.
   Épreuves d'imprimerie corrigées par l'auteur.

8. *Enluminures.*
   Ms. aut. complet.
   Ms. aut. complet, mise en page faite et bois en place. 87 F.
   Épreuves d'imprimerie corrigées par l'auteur.
9. Recueil de Chansons populaires flamandes, recueillies et transcrites par M. E.
10. *Les Commentaires et l'idéographie du jeu de loto.*
    1. Notes manuscrites pour la préparation de l'ouvrage.
    2. Ms. aut. incomplet.
    3. Copie dactylographiée portant de nombreux remaniements et corrections aut.
    4. Copie dactylographiée «pour l'imprimeur». Bois en place.
    5. Épreuves d'imprimerie corrigées par l'auteur.
11. Journal de guerre. Ms. aut. 23 f.
12. Carnet de notes, rédigé par M. E. de 1915 à 1916, alors qu'il remplissait les fonctions de secrétaire de chancellerie au consulat de Belgique de Roosendaal.
13. *Chansons désabusées.*
    1. Ms. aut. incomplet.
    2. Copie dactylographiée «pour l'imprimeur».
    3. Épreuves d'imprimerie corrigées.
14. *La Chanson de la rue Saint-Paul.* Ms. aut. complet.
15. *Les Sept Notre-Dame des plus beaux métiers.*
    1. Ms. aut. complet.
    2. Copie dactylographiée avec corrections aut.
    3. Copie dactylographiée (reproduction de format réduit).
16. *Les Délectations moroses.*
    1. Copie dactylographiée «pour le tirage».
    2. Copie dactylographiée ayant servi à l'impression.
17. *Les Joies blondes.*
    1. Ms. aut. complet.
    2. Ms. aut. incomplet.
18. *Chansons d'amures.*
    1. Ms. aut. complet.
    2. Copie dactylographiée avec bois en place.
    3. Copie dactylographiée de format réduit.
19. *Les Fleurs vertes.* Ms. aut. incomplet.
20. *Maya.*
    1. Copie dactylographiée avec bois en place.

2. Copie dactylographiée avec bois rehaussés d'or.
   3. Copie dactylographiée ayant servi à l'impression.
21. *Aegri Somnia*. Copie dactylographiée « pour l'imprimeur ».
22. *Remembrances*. Copie dactylographiée avec bois en place.
23. Préface pour un poète. Copie dactylographiée.
24. *Huit chansons reverdies*. Copie dactylographiée avec bois en place.
25. Nombreux ms. aut. fragmentaires de poèmes et de proses portant de nombreux remaniements et corrections.
26. Notes scientifiques et de folklore. Ms. aut.
27. Notes manuscrites sur la langue et l'art japonais (4 cahiers).
29. Notes manuscrites et dessins d'astronomie.
30. Gnomonique graphique simplifiée. Ms. aut.
31. Notes et croquis de voyage. Ms. aut. (deux carnets oblongs contenant l'un le texte, l'autre les croquis).

Il faut ajouter l'édition originale du premier recueil de Max Elskamp : *L'Éventail Japonais*, une suite de six sonnets manuscrits sur fond d'estampes japonaises, sur de grandes feuilles de papier Japon feutré.

Quant aux lettres, le Fonds possède six lettres d'Elskamp à son père, sept lettres à divers et une correspondance à Charles-Louis Philippe (14 lettres). On trouve également des lettres adressées au poète par des écrivains et artistes belges et étrangers (presque cinq cents). Figurent les noms de Remy de Gourmont, Georges Eekhoud, André Gide, Maurice Maeterlinck, Mallarmé, Louis Piérard, Henri de Régnier, Théo Van Rysselberghe, Émile Verhaeren, Francis Vielé-Griffin, etc.

Une série de sept portefeuilles de coupures de journaux et de revues, composée et mise en ordre par Elskamp lui-même (1892-1920) ; des archives de « L'Art indépendant » et de l'« Association pour l'Art », relatives à l'exposition de 1887 et 1892, complètent l'ensemble.

Préface de Paul Gorceix 9

LA CHANSON DE LA RUE SAINT-PAUL

Préface 35

LA CHANSON DE LA RUE SAINT-PAUL

Le Calvaire 65

IN MEMORIAM

I. À mon père 73
II. À ma mère 77
III. À ma sœur Marie 82
Ad Finem 87

CHANSONS D'AMURES

Liminaire	93
I. Partance	94
II. L'Aller	96
III. La Mer	99
IV. La Course	101
V. Reykjavik	104
VI. La Pêche	107
VII. Aux quais	110
VIII. Ils ont écrit	112
IX. Baffin	114
X. In pace	116
Ad Finem	119

LES DÉLECTATIONS MOROSES

C'est le Kiosque des mille joies…	123

EN SOI

Liminaire	125
La Route	128
La Vie	130
Désir	132
L'Aimée	135
Sérénité	137
Couleurs	139
Le Songe	141
En soi	144

SOUS LE SOLEIL

Le Chalet	147
Canicules	149

Canaries	151
Les Nefs	153
Tolède	155
En Ramadan	157
La Jonque	159
Phèbe	161

CHEZ LES MARCHANDS D'ASIE

Les Marchands	165
Shosiki	167
Le Bar	169
Tapis	171
Le Vase	173
Fou-Khien	175
L'Or clair	177
Hotéi	179
Le Coffret	181
Gotama	183
Anabase	186

AEGRI SOMNIA

Agnus Dei	189
Et puis voici qu'il sent	191
Soieries	193
Le Puits	195
L'Exode	197
L'Heure peinte	199
Celle qui danse	201
Crucifixion	203

D'UN SOIR D'ÉTÉ

En l'ombre	205
Vesprée	207

Les Lys	210
Les Îles	213
Le Romarin	216
Atalante	218
L'Heure close	220
Damas	223

AEGRI SOMNIA

Préface	227

EN LA VIE

Liminaire	229
Matin	231
Le Seuil	233
L'Amie	235
Un cœur	237
La Joie	239
Les Anges	241
Voix	244
Les Jumelles	246
Le Soir	248

CHOSES

Vases	251
Bouddha	253
Soieries	256
Delft bleu	258
L'Écran	260
Famille rose	262
Pantoum	264
Musiques	266
Le Cercueil	268

NAVIGATIONS

Départ	271
Les Îles	273
Le Vent	275
Dimanche anglais	277
Heure	279
Les Baigneuses	281
Hokodaté	283
L'Aube	285
Les Filles	288
In memoriam	290

FLEURS VERTES

Thulés	293
Vêtures	295
Nuit bleue	297
La Repentie	299
La Vraie	302
La Chair	304
Salomé	306
Celles qui passent	309
Sahèle	312
Khouan-Ynne	315
En soi	317

DANS L'OMBRE

Prière	319
Agnus Dei	322
La Chair	324
L'Heure	326
Élévation	328
Vitrail	330

Désir	332
La Nuit	335

DOSSIER

Chronologie	339
Bibliographie	345
Note sur les manuscrits	348

Dans la même collection

MAURICE MAETERLINCK : *Serres chaudes, Quinze Chansons, La Princesse Maleine.* Édition présentée par Paul Gorceix.

NORGE : *Poésies 1923-1988.* Préface et choix de Lorand Gaspar.

ÉMILE VERHAEREN : *Les Campagnes hallucinées, Les Villes tentaculaires.* Édition présentée par Maurice Piron.

Ce volume,
le trois cent huitième de la collection Poésie,
a été composé par Interligne
et achevé d'imprimer par
l'Imprimerie Bussière à Saint-Amand (Cher),
le 17 janvier 1997.
Dépôt légal : janvier 1997.
Numéro d'imprimeur : 194.
ISBN 2-07-032970-4/Imprimé en France.

79560